DIE 100 BESTEN REZEPTE

Backen

LESLEY MACKLEY

Entwurf und Realisation: The Bridgewater Book Company Ltd.
Food-Fotografie: Ian Parsons
Rezepte: Sara Hesketh und Richard Green

Parragon
Queen Street House
4 Queen Street
Bath BA1 1HE, UK

Übersetzung aus dem Englischen: Andreas Kellermann, Overath
Redaktion und Satz: Cordula Sulzer-Wehrmeyer & Fabian Sulzer
(Agents – Producers – Editors), Overath
Koordination: Antje Seidel, Köln

ISBN 1-40543-569-0

Printed in Malaysia

HINWEISE

Sofern die Schale von Zitrusfrüchten benötigt wird,
verwenden Sie unbedingt unbehandelte Früchte.
Wenn nicht anders angegeben, wird Vollmilch (3,5 % Fett) verwendet.

Pfeffer sollte stets frisch gemahlener schwarzer Pfeffer sein.

Die angegebenen Zeiten können von den tatsächlichen leicht abweichen, da je nach verwendeter Zubereitungsmethode und vorhandenem Herdtyp Schwankungen auftreten.

Die in jedem Rezept angegebenen Nährwertangaben beziehen sich jeweils auf eine Portion. Optionale Zutaten und Varianten sind hier nicht eingerechnet.

Bei Eiern und einzelnen Gemüsesorten, z. B. Karotten, verwenden Sie mittelgroße Exemplare. Kinder, ältere Menschen, Schwangere, Kranke und Rekonvaleszenten sollten auf Gerichte mit rohen oder nur leicht gegarten Eiern verzichten.

Inhalt

Einleitung

Unter Backen versteht man ganz allgemein das Garen von Speisen auf Mehlbasis (Kuchen, Brot, Feingebäck und Kekse) im Ofen sowie das Garen in heißem Fett in der Pfanne. Auch wenn die Zubereitung gelegentlich aufwändig ist – der köstliche Duft, der anschließend beim Backen das Haus durchströmt, entschädigt für alle Mühe. Und auch wer aus Überzeugung nicht gerne kocht, zaubert oft wunderbare Kuchen und Desserts aus dem Ofen.

Die ersten Backöfen wurden mit Holz beheizt und waren wohlhabenderen Bürgern vorbehalten. Ärmere Familien verwendeten Backplatten und Backgefäße mit mehreren Fächern über dem offenen Feuer oder brachten den vorbereiteten Teig in eine öffentliche Backstube. Im 19. Jahrhundert kochte und backte man dann mit Kohleherden, bevor im 20. Jahrhundert Gas- und Elektroherde in der Küche Einzug hielten.

Der Backtag hatte früher seinen festen Platz im Wochenplan. Heute wird nicht mehr regelmäßig gebacken, was auch damit zusammenhängt, dass die Hausarbeit oft neben dem Beruf erledigt werden muss und relativ wenig Zeit in Anspruch nehmen darf. Außerdem haben sich unsere Essgewohnheiten geändert: Der nachmittägliche Kaffee und die Nachspeise nach einer Mahlzeit werden seltener. Traditionelle Rezepte werden nicht mehr innerhalb der Familien weitergegeben und gehen verloren.

Inzwischen ist Backen aber wieder ein beliebtes Hobby geworden. Mit modernen Küchengeräten und gebrauchsfertigen Zutaten kann man heute problemlos köstliche Backwaren zaubern – zumal es ohnehin einen Trend zu schlichten Kuchen und Desserts gibt.

Elektrische Geräte

Küchenmaschine: Sie lässt sich auf vielfältige Weise einsetzen: Man kann damit Kuchenmischungen anrühren, Brotteig kneten, Früchte und Nüsse hacken, Schokolade raspeln und Obst pürieren.

Elektrischer Standmixer: Wenn man oft backt, ist ein Standmixer eine große Hilfe. Damit kann man große Mengen verarbeiten, und für Rührteige eignet er sich besser als eine Küchenmaschine. Da er beim Rühren viel Luft einarbeitet, kann man mit einem Standmixer Kuchenteig und Eiweiß für Baisers schlagen. Außerdem lassen sich damit Zutaten wie ganze Nüsse oder Früchte unterziehen, ohne dass man sie zuvor zerkleinern müsste.

Elektrischer Handmixer: Er ist preiswert und erleichtert das Verrühren kleinerer Teigmengen sowie das Schlagen von Eiweiß und Sahne.

Brotbackautomat: Er erfreut sich seit einiger Zeit großer Beliebtheit. Mit einem Brotbackautomaten lassen sich Brotmischungen backen. Falls man das Brot selbst formen oder Brötchen backen möchte, kann man die Maschine auch nur zum Teigkneten benutzen.

Messen und Wiegen

Waagen: Beim Backen ist es sehr wichtig, die Zutaten genau abzuwiegen. Zuverlässige Waagen gibt es in unterschiedlichen Ausführungen: Elektronische Waagen sind am genauesten. In der Regel kann man die Anzeige immer wieder auf Null stellen, wenn man eine Zutat abgewogen hat. Die traditionellen Balkenwaagen sind zwar sehr robust und zuverlässig, aber sehr kleine Mengen lassen sich mit ihnen nicht genau abmessen. Federwaagen sind nicht sehr strapazierfähig

und können wegen ihrer leichten Bauweise leicht umgestoßen werden.

Messlöffel: Messlöffel sind in Sätzen von ⅛ Teelöffel bis 1 Esslöffel erhältlich und erlauben ein exaktes Abmessen (1 Teelöffel entspricht z. B. 5 ml). Sie eignen sich besser zum Messen als normale Tee- und Esslöffel, da diese keine einheitliche Größe haben. Werden in Rezepten Löffel als Maßeinheit genannt, dann sind meist gestrichene Löffel gemeint.

Messbecher: Am besten entscheidet man sich für ein durchsichtiges, hitzebeständiges Gefäß, an dem die Werte gut ablesbar sind und das zum Erhitzen von Milch oder zum Zerlassen von Butter in die Mikrowelle gestellt werden kann. Es empfiehlt sich außerdem, zwei Becher unterschiedlicher Größe zu kaufen, da sich geringe Flüssigkeitsmengen nur in kleinen Bechern genau abmessen lassen.

Backformen

Grundsätzlich sollten Sie, wenn Sie es sich leisten können, nur Backzubehör bester Qualität kaufen. Das gilt sowohl für Back- und Kuchenformen als auch für Backbleche: Preiswerte Modelle sind oft dünnwandig und können sich im heißen Ofen verbiegen. Hochwertige Formen dagegen sind strapazierfähig und sorgen für eine gleichmäßige Hitzeverteilung. Formen mit Antihaftbeschichtung müssen gründlich in heißem Spülwasser gereinigt werden, da sich sonst eine Fettschicht an der Oberfläche bildet, die die Wirksamkeit der Beschichtung beeinträchtigt. Herkömmliche Metallformen müssen nach dem Spülen gründlich abgetrocknet werden, damit sie nicht rosten (man kann sie auch zum Trocknen in den noch warmen Ofen stellen). Hochwertige, solide Formen aus eloxiertem Aluminium rosten nicht und sorgen für eine gute Wärmeübertragung. Großer Beliebtheit erfreuen sich inzwischen Formen aus Silikon, die gute Backeigenschaften haben und leicht zu pflegen sind.

Kuchenformen: Runde Formen für Biskuitböden mit flachem, leicht abgeschrägtem Rand sollten paarweise gekauft werden. Für Früchtekuchen benötigt man tiefe runde Kuchenformen. Diese Formen sind mit und ohne Hebeboden bzw. Antihaftbeschichtung erhältlich. Für viele Kuchen kann man anstelle runder auch tiefe quadratische Kuchenformen verwenden. Flache quadratische und rechteckige Formen sind ideal für Blechkuchen, Brownies und mehrschichtiges Feingebäck. Springformen eignen sich besonders für empfindliche Kuchen (z. B. Käsekuchen) oder für solche, die man wegen ihres Streuselbelags nicht stürzen kann. Daneben gibt es viele Ring-,

Gugelhupf- und Biskuitkuchenformen mit Loch oder „Schornstein" in der Mitte.

Hübsche, ringförmige Kuchen kann man auch backen, indem man eine Blechdose in die Mitte einer ganz normalen runden Kuchenform stellt. Zu einigen Springformen gibt es unterschiedliche Böden, darunter auch solche mit einem „Schornstein" in der Mitte.

Kastenformen: Rechteckige Kastenformen gibt es in ganz unterschiedlichen Größen. Man kann darin nicht nur Brot backen, sondern fast jeden Kuchen ohne Belag.

Backbleche: Für Kekse, Baisers, Brandteigteilchen und Scones benötigt man ein schweres Backblech, und wenn man Pies und Obsttorten auf ein bereits vorgeheiztes Backblech stellt, wird der Teigboden garantiert knusprig. Man sollte zwei oder drei Bleche besitzen, um größere Mengen an Kleingebäck und Keksen gleichzeitig backen zu können. Die Größe des Backblechs hängt von der des Backofens ab, praktisch sind Backbleche mit verstellbarer Größe.

Flan-Ringe: Flan-Ringe mit Hebeboden und geriffeltem Rand sind in zahlreichen Größen erhältlich. Für Obstkuchen verwendet man flachere Formen als für Quiches. Professionelle Köche bevorzugen Kuchenringe, die einfach auf ein flaches Backblech gestellt werden. Sie können glatt sein (für herzhafte Pasteten und Quiches) oder geriffelt (für süße Obstkuchen).

Muffin- und Pastetchen-Formen: Bleche mit sechs oder zwölf Vertiefungen gibt es in unterschiedlichen Größen – die tieferen werden für Muffins und die flacheren für gefüllte Pastetchen, Törtchen und Mini-Quiches verwendet. Im Fachhandel findet man außerdem eine große Vielfalt an Tortelettförmchen in unterschiedlichen Größen und Formen.

Weitere Backutensilien

Die Auswahl an Backutensilien, die sich in Ihrer Küche ansammeln kann, ist grenzenlos. Die meisten werden Sie vermutlich nie benutzen, aber einige Gegenstände brauchen Sie unbedingt, wenn die Arbeit schnell und einfach vonstatten gehen soll.

Kuchengitter: Es ist wichtig, dass man Kuchen und Kekse auf Kuchengitter auskühlen lässt, damit auch ihre Unterseite belüftet und nicht feucht und schwer wird. Wenn Sie in größeren Mengen backen, brauchen Sie mehrere Kuchengitter.

Sieb: Für Mehl, Puderzucker, Kakao, Gewürze und Backpulver braucht man ein Sieb. Beim Durchsieben werden nicht nur Klumpen beseitigt, sondern es wird auch Luft eingearbeitet, die den Teig lockerer macht. Ein kleines Sieb (z. B. ein Teesieb) eignet sich gut zum Bestäuben mit Puderzucker oder Kakaopulver. Siebe benutzt man auch bei der Saucenzubereitung oder um feste Zutaten wie Orangenschalen oder Vanilleschoten, mit denen Milch aromatisiert wurde, zu entfernen. Zum Pürieren von Früchten eignet sich ein Sieb aus rostfreiem Stahl oder Nylon.

Rührschüsseln: Nehmen Sie immer große Schüsseln, da Teige und Eiweiß beim Rühren bzw. Schlagen an Volumen zunehmen. Auch für die Zubereitung von Brotteigen sind große Schüsseln notwendig, damit der Teig ausreichend Platz zum Gehen hat. Porzellan- und Glasschüsseln sind besser geeignet als Plastikschüsseln: Sie sind leichter zu reinigen, was besonders bei der Zubereitung von Baisermasse wichtig ist.

Teigrolle: Sie sollte wenigstens 50 cm lang, aus Holz und an den Enden glatt und grifflos sein. Eine gute Teigrolle ist z. B. zum Plätzchenbacken unentbehrlich. Wenn sie mit Öl bestrichen ist, lassen sich damit auch sehr gut Tuiles und andere gebogene Kekse herstellen.

Ausstechförmchen: Zum Ausstechen von Plätzchen, Teigstücken und Scones benötigt man einen Satz glatter oder geriffelter Ausstechförmchen in unterschiedlichen Größen und Formen. Die Förmchen können aus Plastik oder aus Metall sein. Erstere sind für Kinder sicherer, mit Letzteren lässt es sich genauer und sauberer arbeiten (was vor allem bei Blätterteig wichtig ist, der nur dann richtig aufgeht, wenn er sauber geschnitten wurde).

Spritzbeutel: Robuste Spritzbeutel aus Kunststoff gibt es in unterschiedlichen Größen. Sie können gewaschen und immer wieder verwendet werden. Um Sahne, Baisermasse, Brandteig und Plätzchenteig zu spritzen, braucht man einen recht großen Beutel. Zum Dekorieren können Sie auch einen kleinen Spritzbeutel aus einem Plastikbeutel basteln, von dem Sie einfach eine Ecke abschneiden.

Tüllen: Zum Spritzen von Sahne, Baisermasse, Brandteig und Plätzchenteig benötigt man vor allem zwei große Tüllen – eine runde und eine sternförmige. Kleinere Tüllen für den Spritzbeutel sind nützlich, wenn man oft Kuchen und Torten dekoriert.

Reiben: Am besten sind Reiben in Kastenform mit unterschiedlichen Reibflächen. Damit lassen sich Käse, Schokolade, Zitronenschale und Ingwer gut zerkleinern. Kleinere Reiben eignen sich vor allem für Muskatnuss.

Backpinsel: Man benutzt sie, um Kleingebäck mit Milch oder Ei zu bestreichen, den Teigrand eines Kuchens zu befeuchten, Formen einzufetten oder Früchte zu glasieren. Für große Oberflächen eignen sich am besten flache Pinsel, für kleinere Bereiche runde Pinsel. Man sollte hochwertige Modelle wählen, da weniger gute Pinsel beim Streichen leicht ihre Borsten verlieren. Man reinigt sie in heißem Wasser mit Spülmittel, bevor man sie gründlich abspült und dann trocknen lässt.

Weitere Arbeitsutensilien: Langstielige, unten abgerundete Holzlöffel sind ideal zum schaumig Rühren und Umrühren. Mehl und geschlagenes Eiweiß zieht man am besten mit einem großen Metalllöffel unter. Um Teigreste von den Wänden einer Rührschüssel zu schaben, benötigt man einen Gummispatel mit langem Griff. Flexible Palettmesser gibt es in unterschiedlichen Größen. Sie dienen u. a. zum Verstreichen von Füllungen und Zuckerguss. Um Sahne oder Eiweiß zu schlagen sowie Saucen zu verrühren, nimmt man am besten einen Schneebesen. Um einen Kuchen horizontal in mehrere Böden zu schneiden, ist ein langes Sägemesser nötig. Mit einem Zestenschneider lassen sich Zitrusschalen in feinen, dünnen Streifen ablösen. Ein Gemüseschäler mit drehbar gelagerter Klinge ist nützlich, um Obst zu schälen, Schalenstreifen abzulösen und Schokoladenlocken herzustellen.

Zutaten

Damit Sie auch spontan einmal einen Kuchen backen oder ein Dessert zubereiten können, sollten Sie immer ein paar Grundzutaten vorrätig haben. Kaufen Sie hochwertige Zutaten in kleineren Mengen, die öfters ersetzt werden. Trockene Zutaten wie Mehl, Zucker, Backobst und Nüsse sollten in luftdichten Behältern an einem kühlen Ort gelagert werden.

Mehl: Mehl verbindet die übrigen Zutaten miteinander; daher ist es wichtig, die richtige Sorte zu wählen. Das Backverhalten einer Mehlsorte hängt von ihrem Glutenanteil ab: Mehl der Type 550 z. B. ist glutenreich und wird für Brotteige verwendet; es eignet sich auch für Brandteig.

Normales Auszugsmehl (Type 405) wird für Gebäck, Plätzchen, Obsttorten und Biskuitteige verwendet – aber auch für Teige, die geschlagenes Eiweiß enthalten, da die im Eischnee enthaltene Luft den Teig aufgehen lässt.

Für einige Kuchen kann man anstelle von Auszugsmehl auch Vollkornmehl verwenden. Da es den Teig schwerer macht, wird es oft mit Auszugsmehl gemischt.

Das kräftige, dunkle Buchweizenmehl wird traditionell – mit Auszugsmehl gemischt – für Blini verwendet. Feine Speisestärke, die bestimmte Kekse (z. B. Pastelitos) sehr mürbe macht, wird auch bei der Zubereitung von Baiserrollen oder Pawlowas zum Eiweiß gegeben, damit die Baisermasse innen weich bleibt. Maismehl wird meist mit Auszugsmehl vermischt. Es verleiht Kuchen, Muffins und Maisbrot eine gelbe Farbe und macht sie schön knusprig. Ähnlich wird auch der protein- und stärkereiche Grieß eingesetzt. Er macht den Teig des *Marokkanischen Orangen-Mandel-Kuchens* (siehe Seite 156) z. B. so grobkörnig, dass dieser nach dem Backen den warmen Sirup gut aufnehmen kann.

Backtriebmittel: Backpulver ist eine Mischung aus Weinstein und Natron. Es bildet Kohlendioxid, so dass der Teig aufgeht. Sobald Backpulver mit Flüssigkeit in Kontakt kommt, beginnt es zu arbeiten, weshalb man einen Kuchen nach der Vorbereitung so schnell wie möglich in den Ofen schieben sollte. Wenn bei einem Rührteig alle Zutaten auf einmal verarbeitet werden, muss man mehr Backpulver zugeben, da auf diese Weise weniger Luft eingearbeitet wird als beim traditionellen Rührteig. Auch ein Scone-Teig benötigt relativ viel Backpulver. In manchen Fällen wird auch Natron allein verwendet, um schwere Teige locker zu machen – z. B. bei den *Lebkuchenmännchen* (siehe Seite 16). Für Brotteige verwendet man Hefe, die ebenfalls Kohlendioxid produziert, während der Teig geht. Puristen bevorzugen beim Brotbacken frische Bäckerhefe, die in jedem gutsortierten Supermarkt erhältlich ist. Trockenhefe ist wesentlich einfacher zu verwenden, kann problemlos gelagert werden und ist in ihrer Wirkung dennoch mit frischer Hefe vergleichbar.

Zucker: Für Backwaren eignet sich am besten unraffinierter Zucker. Er enthält noch den natürlichen Melasseanteil, der ihm einen milden, angenehmen Geschmack gibt. In den meisten Rezepten wird hellbrauner Zucker verwendet, der sich leicht mit Butter schaumig rühren lässt und sich beim Verrühren mit Eiern rasch auflöst. In beiden Fällen trägt der Zucker auch dazu bei, dass der Teig ausreichend luftig bleibt. Werden Zutaten in geschmolzenem bzw. zerlassenem Zustand verarbeitet, kann man auch Kristall- oder Demerara-Zucker verwenden, da sich der Zucker dann schon zu Beginn der Zubereitung auflöst.

Einige Rezepte verlangen dunklen Rohzucker. Er ist weich, feucht und sehr aromatisch, bildet jedoch in der Verpackung Klumpen, so dass er vor Gebrauch durchgesiebt werden muss. Puderzucker eignet sich für Zuckerguss und Buttercreme-Füllungen. Er kann auch zum Süßen von Kleingebäck verwendet werden und zur

Dekoration, wenn man ihn über Kuchen und Desserts stäubt. Puderzucker sollte vor Gebrauch immer durchgesiebt werden. In einigen Rezepten werden Zuckersirup, Zuckerrübensirup, Honig oder Ahornsirup zum Süßen verwendet.

Eier: Falls nicht anders angegeben, werden für die Rezepte dieses Buches mittelgroße Eier verwendet. Eier lockern einen Kuchen auf und machen ihn gehaltvoll und aromatisch. Im Kühlschrank halten sie sich 1–2 Wochen; man sollte sie jedoch vor Gebrauch zimmerwarm werden lassen, damit sie sich besser aufschlagen lassen. Alternativ dazu kann man sie in der Rührschüssel mit warmem Wasser bedecken und stehen lassen, bis man die übrigen Zutaten abgewogen hat.

Molkereiprodukte und Fett: In den meisten Rezepten wird Butter verwendet, da sie sich geschmacklich am besten eignet. Auf Wunsch kann sie auch durch hochwertige Margarine ersetzt werden, allerdings nicht durch fettarme.

Für Rührteige, bei denen alle Zutaten auf einmal verarbeitet werden, sollte die Butter sehr weich sein. Sie hält sich im Kühlschrank 2–3 Wochen, sollte jedoch bei Gebrauch zimmerwarm sein. Für Kuchen, Kleingebäck und Kekse eignet sich durchaus leicht gesalzene Butter, die aber keinesfalls für Kuchenfüllungen und Zuckerguss verwendet werden sollte. Bratfett kann man verwenden, um einen Teig knusprig zu machen.

In mehreren Rezepten dieses Buches wird Crème double verwendet. Sie hat einen hohen Fettanteil und lässt sich daher gut aufschlagen. Schlagsahne ist kein geeigneter Ersatz, da sie ihr Volumen weniger gut behält als Crème double.

Für die Füllung der *Baiserrolle mit Pfirsich-Melba* (siehe Seite 164) wird Crème fraîche verwendet, da ihr leicht säuerlicher Geschmack einen angenehmen Kontrast zur süßen Baisermasse bildet. Mascarpone, ein italienischer Frischkäse, macht die Füllung der *Biskuitrolle mit Erdbeeren und Mandeln* (siehe Seite 163) sehr reichhaltig. Frischkäse ist auch eine wesentliche Zutat für den *Käsekuchen „Manhattan"* (siehe Seite 160) und bereichert die Geschmacksnote der weniger gehaltvollen sauren Sahne.

Nüsse und Früchte: Kaufen Sie Nüsse nur in kleinen Mengen, denn sie werden nach 3–4 Monaten ranzig und bitter. Gemahlene Nüsse verlieren ihren Geschmack sogar noch schneller. Mandeln werden vor Gebrauch mit kochendem Wasser übergossen und einige Minuten stehen gelassen, dann lässt sich die braune Haut problemlos entfernen. Um Haselnüsse abzuziehen, erhitzt man sie auf einem Backblech im Ofen oder in der trockenen Bratpfanne einige Minuten, legt sie dann in ein sauberes, trockenes Küchentuch und entfernt die Haut durch kräftiges Rubbeln. Wenn man Haselnüsse, Mandeln und Pinienkerne in einer trockenen Pfanne röstet, kommt ihr Aroma besser zur Geltung. Da sie viel Öl enthalten, brennen sie allerdings auch leicht an. Frisch geriebene Kokosnuss macht den Kuchenteig saftig, geröstete Kokosraspel ergeben eine hübsche Dekoration.

In vielen Rezepten dieses Buches wird Backobst verwendet, z. B. zum Dekorieren. Backobst sollte in einem luftdichten Behälter gelagert werden, da es ansonsten austrocknet. Die

meisten Trockenfrüchte, z. B. Korinthen und Sultaninen, gewinnen an Geschmack, wenn man sie über Nacht in Orangensaft, Weinbrand oder auch nur heißem Wasser einweicht. Zitronat oder Orangeat kauft man am besten in größeren Stücken und hackt sie selbst, damit sie ihr Aroma besser entfalten können.

Aromen: Es ist in jedem Fall besser, Gewürze in ganzen Stücken zu kaufen und selbst zu mahlen, da sie nach dem Zerkleinern schnell ihr Aroma verlieren (einige Gewürze, z. B. Zimt, sind allerdings nur schwer selbst zu mahlen). Küchenfertig gemahlene Gewürze sollten luftdicht verschlossen gelagert oder aber sehr schnell verbraucht werden.

Vanilleschoten sollten feucht und biegsam sein. Man kann sie in einem Topf mit Zucker aufbewahren und den so aromatisierten Zucker zum Backen verwenden. Als Alternative zu Vanilleschoten gibt es Vanilleessenz, bei der das Aroma mittels Alkohol aus der Schote gewonnen wird. In jedem Supermarkt gibt es auch das synthetische Vanillearoma, das im Geschmack nicht so ausgeprägt ist. Orangenblüten- und Rosenwasser sind stark duftende destillierte Blütenessenzen, die Kuchen und Sirups eine exotische Note verleihen.

Allgemeines

Ofentemperatur: Ofentemperaturen schwanken; daher sind die in den Rezepten angegebenen Backzeiten nur Richtwerte. Die in diesem Buch angegebenen Ofentemperaturen beziehen sich auf einen konventionellen Herd. Falls Sie einen Umluftherd besitzen, sollten Sie im Handbuch des Herstellers nachschlagen, da sich die Garzeit in diesem Fall erheblich verkürzen kann; eventuell muss auch die Temperatur reduziert werden. Der Ofen muss vorgeheizt werden, und in den meisten Fällen ist das Backblech auf mittlerer Schiene zu platzieren. Bei Umluftherden ist die Temperatur im ganzen Ofen gleich, was für das Backen größerer Mengen ideal ist.

Kuchenformen vorbereiten: Die Kuchenform muss die richtige Größe und Form haben. Sollte Ihre Form nicht der im Rezept angegebenen entsprechen, müssen Sie die Backzeit anpassen: Ist die Form z. B. etwas größer als angegeben, wird der Kuchen flacher und ist daher schneller gar. Es lohnt sich, die Form vor Gebrauch richtig vorzubereiten, damit der Teig nicht festklebt. Eventuell muss man sie mit Öl oder zerlassener Butter einfetten und mit Mehl bestäuben. Damit üppige Obstkuchen am Rand nicht zu dunkel und trocken werden, kann man einen dicken Streifen Backpapier von außen um die Kuchenform wickeln.

Vor dem Auslegen einer runden oder quadratischen Kuchenform streicht man die Form gleichmäßig mit Öl oder zerlassener Butter aus. Dann einen Streifen Backpapier ausschneiden, der 5 cm breiter als die Form tief und etwas länger als die Summe ihrer Kantenlängen ist. Das Papier an einer Längskante 2,5 cm umknicken. Den Streifen so in die Form legen, dass der Falz in der Kante zwischen Formboden und -wänden liegt, an einigen Stellen (bei einer quadratischen Form an den Ecken) den Falz einschneiden. Die Form auf ein anderes Stück Backpapier stellen und mit einem Stift den Umriss des Bodens markieren. Den Kreis bzw. das Quadrat ausschneiden und in die Form legen.

Um eine kleinere quadratische Form oder eine Kastenform auszulegen, stellt man diese auf ein Stück Backpapier, das so groß ist, dass es hochgeklappt die Formwände noch um 2,5 cm überragt. Den Umriss des Formbodens einzeichnen und das Papier entlang der vier Linien falzen. Das Papier dann vom Rand aus an den Falzungen entlang bis zur Markierung des Bodenumrisses einschneiden. Die Form einfetten und mit dem Papier auslegen; dabei die an den Schmalseiten überstehenden Papierstücke hinter die Längsseiten schieben.

Für viele Rezepte muss man lediglich den Boden mit einem Papierquadrat oder -kreis auslegen.

Eier trennen: Das Ei vorsichtig am Rand einer sauberen Schüssel aufschlagen und die Schale in zwei Hälften zerbrechen. Dabei darauf achten, dass das Eigelb nicht beschädigt wird. Das Eigelb rasch von einer Schalenhälfte in die andere gleiten lassen und dabei das Eiweiß in der Schüssel auffangen.

Schokolade schmelzen: Beim Schmelzen von Schokolade ist unbedingt darauf zu achten, dass sie nicht zu heiß wird. Die zuverlässigste Methode ist ein Wasserbad: Die Schokolade in eine Schüssel geben, diese auf einen Topf mit siedendem Wasser setzen. Dabei darf der Boden der Schüssel nicht mit dem Wasser in Kontakt kommen. Den Topf vom Herd nehmen und stehen lassen, bis die Schokolade geschmolzen ist.

Grundlegende Verfahren

Teig anrühren: Viele Kuchenrezepte in diesem Buch basieren auf der Rührteigmethode. Dabei sollten alle Zutaten zimmerwarm sein. Zunächst rührt man die Butter weich und cremig, dann gibt man den Zucker zu und rührt die Masse, bis sie schaumig ist und sich ihr Volumen verdoppelt hat. Die verquirlten Eier werden portionsweise zugegeben und nach jeder Zugabe gut untergerührt. Wenn die Mischung gerinnt, verliert sie an Volumen, weshalb man gegebenenfalls etwas Mehl mit unterrührt. Das Mehl sollte dann in Achter-Schleifen mit einem großen Metalllöffel untergezogen werden, ohne die Mischung zu rühren, da sonst die eingearbeitete Luft entweicht. Der Teig sollte glatt und cremig sein und schwer vom Löffel fallen. Falls er zu fest ist, gibt man etwas Milch zu. Der Teig kann auch in der Küchenmaschine oder mit einem Handrührgerät zubereitet werden.

Wenn alle Zutaten gleichzeitig verarbeitet werden, gibt man sie in eine Schüssel und rührt sie glatt. Mit der Küchenmaschine geht das besonders schnell. Da bei diesem Verfahren weniger Luft eingearbeitet wird als bei der Rührteigmethode, gibt man etwas mehr Backpulver hinzu.

Kuchen stürzen und lagern: Ein fertiger Biskuitkuchen ist aufgegangen und goldfarben, und sein Rand beginnt, sich von der Formwand zu lösen. Berührt man ihn leicht in der Mitte, federt seine Oberfläche zurück, und an einem hineingestochenen Stäbchen sollte beim Herausziehen nichts mehr haften bleiben (dies gilt allerdings nicht für Kuchen, die Früchte enthalten). Lassen Sie den Kuchen ein paar Minuten in der Form ruhen. Wenn die Form nicht mit Backpapier ausgelegt war, löst man den Kuchenrand mit einem Messer vorsichtig von den Wänden der Form. Dann den Kuchen auf ein Kuchengitter stürzen und gegebenenfalls das Backpapier abziehen. Vor dem Dekorieren oder Verpacken vollständig auskühlen lassen.

Undekorierte Kuchen sollten in einem luftdichten Behälter gelagert werden, nachdem man sie in Backpapier und Folie eingeschlagen hat. Zum Einfrieren den eingewickelten Kuchen in einen Gefrierbeutel legen, die Luft herausdrücken und den Beutel verschließen. An einem kühlen Ort noch verpackt auftauen lassen. Kuchen mit Sahne- oder Schokoladenfüllung sollten in einem luftdichten Kunststoffbehälter im Kühlschrank gelagert werden. Auch andere Schichttorten müssen kühl stehen.

Filo- und Blätterteig

Die Herstellung von Filo- und Blätterteig ist recht zeitraubend und schwierig, und da beide Teigsorten in der Tiefkühlabteilung der meisten Supermärkte erhältlich sind, ist für die Rezepte dieses Buches küchenfertiger Blätter- und Filo-Teig vorgesehen. Mürbeteig kann man ebenfalls küchenfertig kaufen, was eine gute Alternative ist, wenn man wenig Zeit hat. Er kann jedoch auch leicht selbst hergestellt werden (siehe Rezepte auf der folgenden Seite).

Bei der Zubereitung von Mürbeteig müssen alle Zutaten so kühl wie möglich sein, und man sollte den Teig nicht länger in den Händen halten als nötig. Er lässt sich auch gut in der Küchenmaschine zubereiten. Ersetzen Sie für Vollkorn-Mürbeteig die Hälfte des Auszugsmehls durch Vollkornmehl.

Grundrezepte

Einfacher Mürbeteig

Ergibt: 1 Tortenboden (15 cm ∅)
Vorbereitung: 10 Min.,
plus 30 Min. Kühlzeit

115 g Mehl
25 g Butter
25 g Bratfett
2 EL kaltes Wasser

1 Das Mehl in eine Rührschüssel sieben. Butter und Bratfett in kleine Würfel schneiden, zugeben und mit den Fingerspitzen behutsam in das Mehl einreiben, bis das Fett in ganz kleine Stückchen zerfällt und die Mischung feinen Brotkrumen ähnelt. Dieser Arbeitsgang sollte so schnell wie möglich erfolgen.

2 Den größten Teil des Wassers mit einem Messer mit Rundblatt unterrühren. Da die Saugfähigkeit des Mehls variiert, ist möglicherweise etwas weniger oder etwas mehr Flüssigkeit als angegeben erforderlich. Einen Teigball formen und kurz durchkneten; falls er sich klebrig anfühlt, mit etwas Mehl bestreuen. Den Teig in Frischhaltefolie einwickeln und für 30 Minuten in den Kühlschrank stellen.

Süßer Mürbeteig

Ergibt: 1 Tortenboden (20 cm ∅)
Vorbereitung: 10 Min.,
plus 30 Min. Kühlzeit

225 g Mehl
115 g Butter
15 g Bratfett
55 g hellbrauner Zucker
6 EL kalte Milch

Auf dieselbe Weise wie einfachen Mürbeteig zubereiten, aber Milch anstelle von Wasser verwenden und nach dem Verreiben von Butter, Fett und Mehl den Zucker unterkneten.

Süßer Mürbeteig mit Ei

Ergibt: 1 Tortenboden (20 cm ∅)
Vorbereitung: 10 Min.,
plus 30 Min. Kühlzeit

225 g Mehl
115 g kalte Butter, in Würfeln
55 g hellbrauner Zucker
1 Eigelb
5 Tropfen Vanillearoma
etwas Wasser

Auf dieselbe Weise wie einfachen Mürbeteig zubereiten, aber nach dem Verreiben von Butter und Mehl den Zucker unterkneten. Eigelb und Vanillearoma einarbeiten und alles – nötigenfalls unter Zugabe von etwas Wasser – zu einem glatten Teig verarbeiten.

Teig ausrollen: Arbeitsfläche und Teigrolle leicht bemehlen. Den Teig in eine Richtung vom Körper weg unter gleichmäßigem Druck ausrollen und dabei immer wieder gegen den Uhrzeigersinn um 90° drehen. Den Teig nicht ziehen oder dehnen.

Obstkuchen- bzw. Flanformen mit Teig auslegen: Den Teig auf einen Durchmesser ausrollen, der circa 5 cm größer ist als der der Form, mithilfe der Teigrolle über die Form heben, am Rand hochhalten und in die Form legen. Den Teig vorsichtig an der Innenseite des Formrandes festdrücken, ohne ihn zu dehnen. Überstehende Teigstücke nach außen über den Formrand klappen, dann mit der Teigrolle über den Rand gehen, um sie abzutrennen. Falls möglich, für 30 Minuten in den Kühlschrank stellen.

Blindbacken: Den gekühlten Boden an einigen Stellen einstechen und mit einem großen Stück Backpapier auslegen. Mit Backbohnen aus Keramik oder getrockneten Hülsenfrüchten füllen und im vorgeheizten Ofen bei 200 °C 10–15 Minuten backen, bis der Teig fest wirkt. Backpapier und Backbohnen vorsichtig entfernen und den Boden für weitere 5–10 Minuten in den Ofen stellen, bis er goldgelb ist und sich bei Berührung fest anfühlt.

Plätzchen & Salzgebäck

Es ist immer gut, eine Dose selbst gebackener Kekse vorrätig zu haben, z. B. für Freunde, die auf ein Schwätzchen vorbeischauen, für Kinder, die hungrig vom Spielen kommen (bzw. als süße Ergänzung zu ihrem Pausenbrot), und natürlich immer dann, wenn man zu einer Tasse Kaffee oder Tee gern etwas naschen möchte.

Kekse und anderes Kleingebäck sind meist ganz leicht und ohne großen Aufwand herzustellen – da muss man kein erfahrener Bäcker sein. Kleingebäck aus dem eigenen Backofen ist um einiges preiswerter als das aus dem Supermarkt oder vom Bäcker, und vor allem schmeckt es viel besser.

In diesem Kapitel finden Sie Rezepte für viele Arten von Kleingebäck – von einfachen, kräftigen Hafer-Cookies mit Pekannüssen *(siehe Seite 20) oder* Schokoladen-Cookies *(siehe Seite 26) bis zu leichtem, feinaromatischem Gebäck wie z. B.* Lavendelkeksen *(siehe Seite 31) oder* Pistazien-Kardamom-Tuiles *(siehe Seite 25), die sich wunderbar auf einem Eisbällchen machen. Kinder helfen gern bei der Zubereitung (und dem Verzehr) von* Lebkuchenmännchen *(siehe Seite 16) oder* Party-Cookies *(siehe Seite 18). Eine elegante Beilage zum Nachmittagskaffee sind z. B.* Mandel-Biscotti *(siehe Seite 24). Dieses Kapitel enthält nicht nur Rezepte für süßes, sondern auch für herzhaftes Kleingebäck, z. B.* Würzige Cocktailkekse *(siehe Seite 34) oder* Pesto-Palmiers *(siehe Seite 36), die man zu einem Glas Rotwein servieren kann.*

Lebkuchenmännchen

Ergibt 20 Stück (bei großen Ausstechförmchen)

Vorbereitung: 30 Min., plus 30 Min. Kühlzeit

Garzeit: 15–20 Min.

Besonders Kinder essen gern Lebkuchen und stechen die Figuren am liebsten selbst aus. Dieser Teig ist geschmeidig und gut formbar.

ZUTATEN

115 g Butter, plus etwas mehr zum Einfetten
450 g Mehl, plus etwas mehr zum Bestäuben
2 TL gemahlener Ingwer
1 TL Lebkuchen-Gewürzmischung
2 TL Natron
100 g Zuckersirup
115 g Rohzucker
1 Ei, verquirlt

ZUM VERZIEREN

Korinthen
kandierte Kirschen
85 g Puderzucker
3–4 TL Wasser

NÄHRWERTANGABEN	
Kilokalorien	71
Eiweiß	1 g
Kohlenhydrate	13 g
Zucker	6 g
Fett	2 g
davon gesättigt	1 g

Variation

Man kann alle möglichen Formen aus Lebkuchenteig ausstechen. Ihrer Fantasie sind dabei keine Grenzen gesetzt!

1

2

3

Tipp

Für Weihnachten Sterne und Glocken ausstechen. Wenn Sie die Lebkuchen aus dem Ofen nehmen, vorsichtig mit einem Spieß ein Loch hineinstechen. Auf Bänder ziehen und an den Weihnachtsbaum hängen.

1 Den Backofen auf 160 °C vorheizen und 3 große Backbleche einfetten. Mehl, Ingwer, Gewürzmischung und Natron in eine große Schüssel sieben. Butter, Sirup und Zucker in einem Topf auf niedriger Stufe unter Rühren erhitzen, bis die Butter geschmolzen ist. In die Mehlmischung gießen und das Ei zugeben. Alles zu einem Teig vermengen. Diesen für 30 Minuten in den Kühlschrank stellen. Der Teig ist anfangs noch feucht, wird jedoch beim Abkühlen fester.

2 Den Teig ca. 3 mm dick auf einer leicht bemehlten Arbeitsfläche ausrollen und Lebkuchenmännchen ausstechen. Auf die vorbereiteten Backbleche legen. Teigreste neu verkneten, ausrollen und weitere Figuren ausstechen, bis der Teig verbraucht ist. Mit Korinthen und Kirschstückchen Augen und Münder aufsetzen. 15–20 Minuten im Ofen backen, bis der Teig fest und leicht gebräunt ist.

3 Aus dem Ofen nehmen und einige Minuten auf den Backblechen abkühlen lassen, dann auf Kuchengitter legen und vollständig auskühlen lassen. Puderzucker und Wasser zu einer dickflüssigen Masse verrühren. Den Zuckerguß in eine kleine Plastiktüte füllen und ein winziges Loch in eine Ecke schneiden, um damit Knöpfe oder Kleidungsstücke auf die abgekühlten Figuren zu spritzen.

Party-Cookies

Ergibt 16 Stück | **Vorbereitung: 10 Min., plus 20 Min. Kühlzeit** | **Garzeit: 10–12 Min.**

Diese Cookies werden mit bunten Smarties hergestellt und sind daher ein Hit bei Kindergeburtstagen.

ZUTATEN

115 g weiche Butter, plus etwas mehr zum Einfetten
115 g Rohzucker
1 EL Zuckersirup
3 Tropfen Vanillearoma
175 g Mehl
1¾ TL Backpulver
85 g Smarties

NÄHRWERTANGABEN	
Kilokalorien	146
Eiweiß	1 g
Kohlenhydrate	21 g
Zucker	12 g
Fett	7 g
davon gesättigt	4 g

1 Den Backofen auf 180 °C vorheizen und 2 Backbleche einfetten. Butter und Zucker in eine Schüssel geben und mit dem Elektromixer hell und schaumig schlagen, dann Sirup und Vanillearoma unterrühren.

2 Die Hälfte des Mehls in die Schüssel sieben und einarbeiten. Smarties und restliches Mehl unterrühren und alles mit den Fingern zu einem Teig verkneten.

3 Aus dem Teig 16 Bällchen formen und in ausreichendem Abstand auf die Backbleche legen; nicht flach drücken. Im Ofen 10–12 Minuten backen, bis die Ränder der Cookies goldgelb sind. Aus dem Ofen nehmen und 2 Minuten auf den Backblechen abkühlen lassen, dann auf Kuchengitter legen und vollständig auskühlen lassen.

Tipp

Eine weniger süße Variante dieser Cookies erhält man, indem man statt der Smarties Schokoladenraspel, Kirschen oder gehackte getrocknete Aprikosen verwendet.

Haferkekse mit Nüssen

Garzeit: 20–25 Min.

Vorbereitung: 10 Min., plus 30 Min. Kühlzeit

Ergibt 16 Stück

Diese gesunden Haferkekse sind schnell und einfach zubereitet – überraschen Sie Ihre Familie damit beim Frühstück!

NÄHRWERTANGABEN	
Kilokalorien	189
Eiweiß	3 g
Kohlenhydrate	19 g
Zucker	9 g
Fett	12 g
davon gesättigt	4 g

ZUTATEN

115 g Butter, plus etwas mehr zum Einfetten

200 g Haferflocken

115 g gehackte Haselnüsse

55 g Mehl

2 EL Zuckersirup

85 g Rohzucker

1

2

2

1 Den Backofen auf 180 °C vorheizen und eine quadratische Kuchen- oder Auflaufform (ca. 23 cm Seitenlänge) einfetten. Haferflocken, gehackte Haselnüsse und Mehl in eine große Rührschüssel geben und verrühren.

2 Butter, Sirup und Zucker in einem Topf auf niedriger Stufe unter Rühren erhitzen, bis die Butter geschmolzen ist. In die Mehlmischung gießen und alles gut vermengen. Den Teig in die vorbereitete Form füllen und an der Oberfläche mit einem Löffelrücken glatt streichen.

3 20–25 Minuten backen, bis der Teig goldgelb und fest ist. Die Aufteilung in 16 Stücke vormarkieren und die Masse in der Form abkühlen lassen. Die vollständig erkaltete Masse mit einem scharfen Messer in Stücke schneiden und aus der Form nehmen.

Tipp

Lassen Sie den Teig nicht zu lange im Ofen, da er ansonsten zu hart wird und dann schwer zu schneiden ist.

Hafer-Cookies mit Pekannüssen

Ergibt 15 Stück **Vorbereitung: 10 Min., plus 20 Minuten Kühlzeit** **Garzeit: 15 Min.**

Diese leichten, knusprigen Kekse schmecken für sich allein schon köstlich, mit Käse serviert werden sie geradezu unwiderstehlich.

ZUTATEN

115 g weiche Butter, plus etwas mehr zum Einfetten
85 g Rohzucker
1 Ei, verquirlt
55 g Pekannüsse, gehackt
85 g Mehl
½ TL Backpulver
55 g Haferflocken

NÄHRWERTANGABEN

Kilokalorien	143
Eiweiß	2 g
Kohlenhydrate	13 g
Zucker	6 g
Fett	10 g
davon gesättigt	5 g

Variation

Eine etwas andere Geschmacksnuance erhält man, indem man die Pekannüsse z. B. durch Walnüsse oder Haselnüsse ersetzt.

Tipp

Am besten rührt man Butter und Zucker mit dem Handrührgerät schaumig oder verwendet dafür die Küchenmaschine.

1 Den Backofen auf 180 °C vorheizen und 2 Backbleche einfetten. Butter und Zucker in eine Schüssel geben und schaumig schlagen. Nach und nach das Ei und dann die Nüsse unterrühren.

2 Mehl und Backpulver in die Mischung sieben und die Haferflocken zugeben. Alles gut vermengen. Teelöffelgroße Portionen des Teigs in ausreichendem Abstand auf die vorbereiteten Backbleche geben.

3 15 Minuten backen, bis die Cookies goldgelb sind. 2 Minuten auf den Backblechen abkühlen lassen, dann auf Kuchengitter legen und vollständig auskühlen lassen.

Ingwerschnittchen

Ergibt 16 Stück **Vorbereitung: 15 Min., plus 30 Minuten Kühlzeit** **Garzeit: 40 Min.**

Der Genuss dieser köstlichen Ingwerschnittchen wird erst durch ihren saftigen Überzug perfekt.

ZUTATEN

175 g Butter, plus etwas mehr zum Einfetten
225 g Mehl
1 TL gemahlener Ingwer
85 g hellbrauner Zucker

INGWERÜBERZUG

1 EL Zuckersirup
55 g Butter
2 EL Puderzucker
1 TL gemahlener Ingwer

NÄHRWERTANGABEN

Kilokalorien	185
Eiweiß	2 g
Kohlenhydrate	19 g
Zucker	8 g
Fett	12 g
davon gesättigt	8 g

Variation

Zur Dekoration kann man weiße Zuckergusslinien auf den noch warmen Überzug zeichnen und dann einen Partystick quer durch die Linien ziehen.

1

2

3

Tipp

Der gebackene Teig ist noch recht weich, wenn er aus dem Ofen kommt, wird beim Abkühlen jedoch fest. Die Ingwerschnittchen vor dem Servieren vollständig auskühlen lassen.

1 Den Backofen auf 180 °C vorheizen und eine rechteckige Backform (28 cm x 18 cm) einfetten. Mehl und Ingwer in eine Schüssel sieben und den Zucker unterrühren. Die Butter mit den Fingern in die Mischung reiben, bis sich die Zutaten miteinander verbinden.

2 Den Teig in die vorbereitete Form drücken und mit einem Palettmesser glatt streichen. 40 Minuten im vorgeheizten Ofen backen, bis die Oberfläche ganz leicht gebräunt ist.

3 Für den Überzug Sirup und Butter in einem kleinen Topf auf niedriger Stufe unter Rühren erhitzen, bis die Butter geschmolzen ist. Puderzucker und Ingwer unterrühren. Den gebackenen Teig aus dem Ofen nehmen und mit dem Überzug übergießen, solange beides noch heiß ist. Ein wenig in der Form abkühlen lassen, dann in 16 fingerförmige Schnitten schneiden. Auf Kuchengitter legen und vollständig auskühlen lassen.

Mandel-Biscotti

Ergibt 20–24 Stück

Vorbereitung: 20 Min., plus 20 Min. Kühlzeit

Garzeit: 25 Min.

Biscotti sind harte Kekse, die man in Italien zum Abschluss einer Mahlzeit mit einem süßen Weißwein (Vinsanto) serviert. Sie schmecken aber auch ausgezeichnet zu Kaffee oder Eis.

ZUTATEN

250 g Mehl, plus etwas mehr zum Bestäuben
1 TL Backpulver
1 Prise Salz
150 g hellbrauner Zucker
2 Eier, verquirlt
fein abgeriebene Schale von 1 Orange
100 g abgezogene Mandeln, leicht geröstet

NÄHRWERTANGABEN	
Kilokalorien	110
Eiweiß	3 g
Kohlenhydrate	18 g
Zucker	8 g
Fett	4 g
davon gesättigt	1 g

1 Den Backofen auf 180 °C vorheizen und ein Backblech leicht mit Mehl bestäuben. Mehl, Backpulver und Salz in eine Schüssel sieben. Zucker, Eier und Orangenschale zugeben und alles zu einem Teig verarbeiten. Die gerösteten ganzen Mandeln unterkneten.

2 Aus dem Teig eine Kugel formen, diese halbieren und jede Hälfte zu einer ca. 4 cm dicken Rolle formen. Diese auf das bemehlte Backblech legen und 10 Minuten backen. Aus dem Ofen nehmen und 5 Minuten abkühlen lassen.

3 Die zwei Rollen mit einem Sägemesser diagonal in 1 cm dicke Scheiben schneiden. Die Scheiben auf dem Backblech verteilen und für weitere 15 Minuten in den Ofen schieben, bis sie leicht goldgelb sind. Auf Kuchengitter legen, bis sie abgekühlt und knusprig sind.

Variation

Als Alternative zu Mandeln können auch Haselnüsse oder eine Mischung aus Mandeln und Pistazien verwendet werden.

Pistazien-Kardamom-Tuiles

Garzeit: 16–30 Min.

Vorbereitung: 15 Min., plus 20 Min. Kühlzeit

Ergibt 18 Stück

Die hauchdünnen, knusprig-nussigen Pistazien-Kardamom-Tuiles schmecken wunderbar zu frischen Obstdesserts. Sie sind auch eine köstliche Alternative zu herkömmlichen Eiswaffeln.

NÄHRWERTANGABEN	
Kilokalorien	69
Eiweiß	1 g
Kohlenhydrate	10 g
Zucker	7 g
Fett	3 g
davon gesättigt	2 g

ZUTATEN

6 Kardamomkapseln

55 g Butter, zerlassen und abgekühlt, plus etwas mehr zum Einfetten

2 Eiweiß

115 g hellbrauner Zucker

55 g Mehl

25 g Pistazien, gehackt

1

2

3

Tipp

Versuchen Sie nicht, mehrere Bleche gleichzeitig zu backen. Sonst werden die Kekse auf dem zweiten Blech bereits hart, bevor man Zeit hat, sie zu formen.

1 Den Backofen auf 180 °C vorheizen. Die Kardamomkapseln zerdrücken und die Schalen entfernen. Die schwarzen Samen im Mörser zerstoßen und beiseite stellen. 2 oder 3 Backbleche und einen Teigroller einfetten. Eiweiß und Zucker in eine Schüssel geben und mit einer Gabel schaumig schlagen.

2 Das Mehl in die Schüssel sieben. Pistazien und Kardamom zugeben und mit einer Gabel untermischen. Die Butter zugeben und alles gründlich vermengen. Teelöffelgroße Portionen des Teigs in ausreichendem Abstand auf die vorbereiteten Backbleche setzen und jeweils mit einem Palettmesser leicht verstreichen.

3 Im vorgeheizten Ofen immer nur 1 Backblech 8–10 Minuten backen, bis die Ränder der Kekse fest sind. Die Kekse vorsichtig mit einem Palettmesser herunternehmen, noch warm auf den Teigroller legen und 1–2 Minuten hart werden lassen. Herunternehmen und zum Abkühlen auf Kuchengitter legen. Luftdicht abgeschlossen aufbewahren.

Schokoladen-Cookies

Ergibt 24 Stück | **Vorbereitung: 15 Min., plus 20 Min. Kühlzeit** | **Garzeit: 10–15 Min.**

Diese Schokoladen-Cookies zergehen förmlich auf der Zunge. Es lohnt kaum, sich Gedanken um die Aufbewahrung zu machen, denn die Cookies werden schnell verzehrt sein.

ZUTATEN

- **115 g weiche Butter, plus etwas mehr zum Einfetten**
- **55 g hellbrauner Zucker**
- **55 g Rohzucker**
- **1 Ei, verquirlt**
- **3 Tropfen Vanillearoma**
- **115 g Mehl**
- **2 EL Kakaopulver**
- **½ TL Natron**
- **115 g Vollmilchschokolade, geraspelt**
- **55 g Walnüsse, grob gehackt**

NÄHRWERTANGABEN

Kilokalorien	116
Eiweiß	2 g
Kohlenhydrate	12 g
Zucker	8 g
Fett	7 g
davon gesättigt	4 g

Variation

Verwenden Sie anstelle von Vollmilchschokolade auch Bitterschokolade und anstelle der Walnüsse gehackte Pekannüsse.

Tipp

Bei kurzer Backzeit erhält man Cookies, die in der Mitte noch weich und saftig sind; bei längerer Backzeit werden sie knuspriger.

1. Den Backofen auf 180 °C vorheizen und 3 Backbleche einfetten. Butter und Zucker in eine Schüssel geben und schaumig schlagen. Nach und nach Ei und Vanillearoma unterrühren.

2. Mehl, Kakaopulver und Natron in die Schüssel sieben und behutsam unterrühren. Geraspelte Schokolade und Walnüsse unterrühren. Teelöffelgroße Portionen des Teigs in ausreichendem Abstand auf die vorbereiteten Backbleche setzen.

3. 10–15 Minuten im Ofen backen, bis der Teig sich ausgedehnt hat und fest wird. 2 Minuten auf den Backblechen abkühlen lassen, dann auf Kuchengitter legen und vollständig auskühlen lassen.

Osterplätzchen

Ergibt 24 Stück

Vorbereitung: 20 Min., plus 20 Min. Kühlzeit

Garzeit: 10–15 Min.

Trotz ihres Namens schmecken diese Plätzchen natürlich das ganze Jahr über. Orangeat, Zitronat und Korinthen machen sie süß und saftig, und die feine Zuckerschicht bildet den krönenden Abschluss.

ZUTATEN

175 g weiche Butter, plus etwas mehr zum Einfetten
175 g hellbrauner Zucker
1 Ei, verquirlt
2 EL Milch
55 g Orangeat und Zitronat, gemischt und gehackt
115 g Korinthen
350 g Mehl, plus etwas mehr zum Bestäuben
1 TL Lebkuchen-Gewürzmischung

GLASUR

1 Eiweiß, leicht verquirlt
2 EL feiner Zucker

NÄHRWERTANGABEN

Kilokalorien	159
Eiweiß	2 g
Kohlenhydrate	25 g
Zucker	14 g
Fett	7 g
davon gesättigt	4 g

Variation

Wer Orangeat und Zitronat nicht mag, kann diese durch zusätzliche Korinthen ersetzen.

1

2

3

Tipp

Vorsicht beim Bestreuen der Kekse mit Zucker: Zucker, der direkt auf das Backblech gestreut wird, brennt an.

1 Den Backofen auf 180 °C vorheizen und 2 große Backbleche einfetten. Butter und Zucker in einer Schüssel schaumig rühren. Ei, Milch, Orangeat, Zitronat und Korinthen nach und nach unterrühren, dann Mehl und Gewürzmischung in die Schüssel sieben. Alles zu einem festen Teig verarbeiten und diesen vorsichtig glatt kneten.

2 Den Teig auf einer bemehlten Arbeitsfläche 5 mm dick ausrollen. Mit einem runden Ausstechförmchen (5 cm Durchmesser) die Plätzchen ausstechen. Teigreste erneut ausrollen und weitere Plätzchen ausstechen, bis der Teig verbraucht ist. Die Plätzchen auf die vorbereiteten Backbleche legen und im vorgeheizten Ofen 10 Minuten backen.

3 Die Plätzchen zum Glasieren aus dem Ofen nehmen. Mit dem Eiweiß bestreichen und mit dem Zucker bestreuen, dann für weitere 5 Minuten zurück in den Ofen schieben, bis sie leicht gebräunt sind. 2 Minuten auf den Backblechen abkühlen lassen, dann auf Kuchengitter legen und vollständig auskühlen lassen.

Mexikanische Pastelitos

Ergibt 40 Stück

Vorbereitung: 20 Min., plus 20 Min. Kühlzeit

Garzeit: 30–40 Min.

Diese kleinen Kekse zergehen förmlich auf der Zunge. In Mexiko werden sie traditionellerweise bei Hochzeiten gereicht – ihre Puderzuckerschicht soll das Weiß des Brautkleides symbolisieren.

ZUTATEN

225 g weiche Butter, plus etwas mehr zum Einfetten
55 g hellbrauner Zucker
225 g Mehl
115 g Speisestärke
1 TL Zimt

ZUM VERZIEREN

55 g Puderzucker, gesiebt

NÄHRWERTANGABEN	
Kilokalorien	82
Eiweiß	1 g
Kohlenhydrate	10 g
Zucker	3 g
Fett	5 g
davon gesättigt	3 g

1 Den Backofen auf 160 °C vorheizen und 2 Backbleche einfetten. Butter und Zucker in eine Schüssel geben und schaumig rühren. Mehl, Speisestärke und Zimt in eine zweite Schüssel sieben und dann portionsweise mit einem Holzlöffel unter die Buttermischung rühren. Alles gut vermengen und glatt kneten.

2 Teelöffelgroße Portionen des Teigs zu kleinen Bällchen rollen. Diese auf die vorbereiteten Backbleche legen und im vorgeheizten Ofen 30–40 Minuten goldgelb backen.

3 Den Puderzucker in eine flache Schale geben und die noch warmen Pastelitos darin wenden. Auf Kuchengitter auskühlen lassen.

Tipp

Diese Kekse sind traditionell so klein wie hier beschrieben. Man kann sie jedoch nach Belieben auch größer machen.

Lavendelkekse

Garzeit: 12 Min.

Vorbereitung: 15 Min., plus 20 Min. Kühlzeit

Ergibt 12 Stück

Überraschen Sie Ihre Gäste einmal mit diesen duftenden Keksen – sie werden begeistert sein. Besonders gut schmecken die Lavendelkekse zu einer Tasse Tee oder Kaffee.

NÄHRWERTANGABEN	
Kilokalorien	141
Eiweiß	2 g
Kohlenhydrate	17 g
Zucker	6 g
Fett	8 g
davon gesättigt	5 g

ZUTATEN

115 g weiche Butter, plus etwas mehr zum Einfetten
55 g hellbrauner Zucker, plus etwas mehr zum Bestreuen
1 TL Lavendelblätter, gehackt
fein abgeriebene Schale von 1 Zitrone
175 g Mehl

1 Den Backofen auf 150 °C vorheizen und ein großes Backblech einfetten. Zucker und Lavendelblätter in der Küchenmaschine verarbeiten, bis der Lavendel sehr fein gehackt ist, dann Butter und Zitronenschale zugeben und schaumig rühren. Alles in eine große Schüssel füllen. Das Mehl hineinsieben und alles zu einem festen Teig verarbeiten.

2 Den Teig auf eine Schicht Backpapier legen und mit einer zweiten Schicht Backpapier abdecken. Vorsichtig flach drücken und mit dem Teigroller 3–5 mm dick ausrollen. Die obere Schicht Backpapier entfernen und mit einem runden Ausstechförmchen (7 cm Durchmesser) Kreise ausstechen. Teigreste erneut verkneten, ausrollen und weitere Kekse ausstechen.

3 Die Kekse mit einem Palettmesser vorsichtig auf das vorbereitete Backblech legen. Mit einer Gabel einstechen und 12 Minuten hellbraun backen. 2 Minuten auf dem Backblech abkühlen lassen, dann auf Kuchengitter legen und vollständig auskühlen lassen.

Tipp

Wenn Sie keine Küchenmaschine besitzen, können Sie den Teig von Hand zubereiten. Verkneten Sie ihn zu einer Kugel, bevor Sie ihn in Schritt 2 ausrollen.

Erdnussbutter-Cookies

Ergibt 26 Stück | **Vorbereitung: 20 Min., plus 20 Min. Kühlzeit** | **Garzeit: 12 Min.**

Dies ist das ideale Rezept, um mit kleineren Kindern zu backen. Alle Zutaten werden einfach in einer Schüssel gemischt, und der Teig muss dann nur noch löffelweise aufs Backblech gegeben werden.

ZUTATEN

- **115 g weiche Butter, plus etwas mehr zum Einfetten**
- **115 g grobe Erdnussbutter**
- **115 g hellbrauner Zucker**
- **115 g feiner Zucker**
- **1 Ei, verquirlt**
- **3 Tropfen Vanillearoma**
- **85 g Mehl**
- **½ TL Natron**
- **½ TL Backpulver**
- **1 Prise Salz**
- **115 g Haferflocken**

NÄHRWERTANGABEN

Kilokalorien	125
Eiweiß	2 g
Kohlenhydrate	15 g
Zucker	10 g
Fett	7 g
davon gesättigt	3 g

Variation

Sie können statt grober Erdnussbutter wahlweise auch feine Erdnussbutter verwenden.

Tipp

Wenn man die Cookies mit einer Gabel flach drückt, kann man der Oberfläche mit den Gabelzinken etwas Struktur geben.

1. Den Backofen auf 180 °C vorheizen und 3 Backbleche einfetten. Butter und Erdnussbutter in einer Schüssel verrühren. Zucker unterrühren, dann nach und nach Ei und Vanillearoma unterrühren.

2. Mehl, Natron, Backpulver und Salz in die Schüssel sieben und mit den Haferflocken unterrühren. Löffelgroße Portionen der Mischung in ausreichendem Abstand auf die vorbereiteten Backbleche geben und mit einer Gabel etwas flach drücken.

3. 12 Minuten backen, bis die Cookies leicht gebräunt sind. 2 Minuten auf den Backblechen abkühlen lassen, dann auf Kuchengitter legen und vollständig auskühlen lassen.

Würzige Cocktailkekse

Ergibt ca. 20 Stück

Vorbereitung: 15 Min., plus 45 Min. Kühlzeit

Garzeit: 20 Min.

Wenn Sie einen originellen Aperitif für einen festlichen Anlass suchen, sind diese würzigen Kekse genau das Richtige.

ZUTATEN

115 g Butter, plus etwas mehr zum Einfetten
140 g Mehl, plus etwas mehr zum Bestäuben
2 TL Currypulver
85 g mittelalter Gouda, gerieben
2 TL Mohnsamen
1 TL Schwarzkümmel
1 Eigelb
Kreuzkümmelsamen, zum Bestreuen

NÄHRWERTANGABEN

Kilokalorien	88
Eiweiß	2 g
Kohlenhydrate	6 g
Zucker	0 g
Fett	7 g
davon gesättigt	4 g

Variation

Statt Kreuzkümmelsamen können Sie nach Belieben auch frisch gemahlenen Kreuzkümmel zum Bestreuen verwenden.

1

2

3

Tipp

Wenn man den Teig vor dem Backen kühlt, behalten die fertigen Kekse später besser ihre Form. Wenn die Zeit nicht reicht, kann das Kühlen aber auch entfallen.

1 Den Backofen auf 190 °C vorheizen und 2 Backbleche einfetten. Mehl und Currypulver in eine Schüssel sieben. Die Butter in Stücke schneiden und mit dem Mehl zu einer krümeligen Mischung verreiben; dann Käse, Mohnsamen und Schwarzkümmel unterrühren. Das Eigelb unterrühren und alles zu einem festen Teig verarbeiten.

2 Den Teig in Frischhaltefolie wickeln und für 30 Minuten in den Kühlschrank stellen. Den Teig dann 3 mm dick auf einer bemehlten Arbeitsfläche ausrollen. Mit Förmchen Kekse ausstechen. Die Teigreste erneut ausrollen und weitere Kekse ausstechen, bis der Teig verbraucht ist.

3 Die Kekse auf die vorbereiteten Backbleche legen und mit Kreuzkümmelsamen bestreuen. Für weitere 15 Minuten in den Kühlschrank stellen. Die Kekse dann im vorgeheizten Ofen 20 Minuten backen, bis sie knusprig und goldgelb sind. Warm servieren oder auf Kuchengitter auskühlen lassen.

Pesto-Palmiers

Ergibt 20 Stück

Vorbereitung: 10 Min., plus 20 Min. Kühlzeit

Garzeit: 10 Min.

Dieses leichte Blätterteiggebäck eignet sich gut zum Knabbern bei einem Glas Wein. Sie können es auch als Beilage zu einer Suppe reichen.

ZUTATEN

Butter, zum Einfetten

Mehl, zum Bestäuben

250 g Blätterteig, Tiefkühlware aufgetaut

3 EL grüner oder roter Pesto

1 Eigelb, mit 1 EL Wasser verquirlt

25 g frisch geriebener Parmesan

NÄHRWERTANGABEN	
Kilokalorien	70
Eiweiß	2 g
Kohlenhydrate	5 g
Zucker	0 g
Fett	5 g
davon gesättigt	1 g

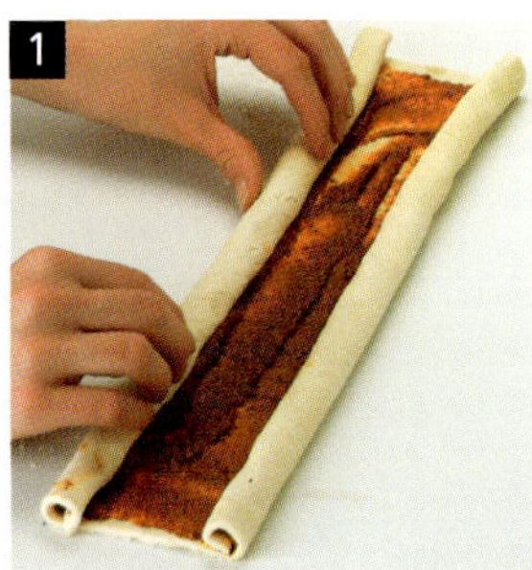

1 Den Backofen auf 200 °C vorheizen und ein Backblech einfetten. Den Blätterteig auf einer bemehlten Arbeitsfläche zu einem 35 cm × 15 cm großen Rechteck ausrollen und die Ränder mit einem scharfen Messer gerade schneiden. Den Pesto gleichmäßig auf dem Teig verstreichen. Den Teig dann von beiden langen Kanten her straff zur Mitte hin aufrollen.

2 Die Rolle in Frischhaltefolie wickeln und für 20 Minuten in den Kühlschrank legen, bis sie fest ist. Danach herausnehmen und auswickeln. Von beiden Seiten mit dem verquirlten Eigelb bestreichen und in 1 cm breite Stücke schneiden. Diese auf das Backblech legen.

3 10 Minuten backen, bis der Teig knusprig und goldgelb ist. Aus dem Ofen nehmen und sofort mit Parmesan bestreuen. Die Palmiers warm servieren oder auf Kuchengitter legen und abkühlen lassen.

Variation

Als Alternative zu Pesto kann man auch Parmaschinken oder gehackte Sardellenfilets für die Füllung verwenden.

Käse-Rosmarin-Plätzchen

Garzeit: 10 Min.

Vorbereitung: 15 Min., plus 30 Min. Kühlzeit

Ergibt 40 Stück

Der Teig für diese pikanten Plätzchen kann schnell und einfach in der Küchenmaschine zubereitet werden.

NÄHRWERTANGABEN	
Kilokalorien	80
Eiweiß	2 g
Kohlenhydrate	5 g
Zucker	0 g
Fett	6 g
davon gesättigt	4 g

ZUTATEN

225 g kalte Butter, gewürfelt, plus etwas mehr zum Einfetten

250 g Mehl

250 g Gruyère, gerieben

½ TL Cayenne-Pfeffer

2 TL frische Rosmarinblätter, fein gehackt

1 Eigelb, mit 1 EL Wasser verquirlt

Tipp

Falls Sie keine Küchenmaschine besitzen, können Sie alle Zutaten in eine große Rührschüssel geben und mit einem Handrührgerät bzw. von Hand vermengen.

1 Den Backofen auf 180 °C vorheizen und 2 Backbleche einfetten. Mehl, Butter, Käse, Cayenne-Pfeffer und Rosmarin in die Küchenmaschine geben und in Intervallen zu einem Teig verarbeiten. Nötigenfalls etwas kaltes Wasser zugeben, damit sich die Zutaten verbinden.

2 Den Teig auf einer bemehlten Arbeitsfläche 5 mm dick ausrollen. Mit unterschiedlichen Ausstechförmchen (6 cm Durchmesser) z. B. Sterne und Herzen ausstechen.

3 Die rohen Plätzchen auf die vorbereiteten Backbleche legen, mit Frischhaltefolie abdecken und für 30 Minuten in den Kühlschrank stellen, bis sie fest sind. Dann mit dem verquirlten Eigelb bestreichen und 10 Minuten im Ofen goldbraun backen. 2 Minuten auf den Backblechen abkühlen lassen, dann warm servieren oder zum Auskühlen auf Kuchengitter legen.

Käsestangen

Ergibt 24 Stück

Vorbereitung: 20 Min., plus 30 Min. Kühlzeit

Garzeit: 10–15 Min.

Knusprige Käsestangen sind unwiderstehlich lecker – köstliche Partysnacks, die bei Groß und Klein gleichermaßen beliebt sind.

ZUTATEN

115 g Mehl, plus etwas mehr zum Bestäuben
1 Prise Salz
1 TL Currypulver
55 g Butter, plus etwas mehr zum Einfetten
55 g mittelalter Gouda, gerieben
1 Ei, verquirlt
Mohn- und Kreuzkümmelsamen, zum Bestreuen

NÄHRWERTANGABEN	
Kilokalorien	43
Eiweiß	1 g
Kohlenhydrate	4 g
Zucker	0 g
Fett	3 g
davon gesättigt	2 g

Variation

Diesen Teig kann man auch ausrollen und daraus Formen ausstechen.

1

2

3

Tipp

Die Zutaten müssen unbedingt gründlich vermengt werden. Wenn die Käsestangen vor dem Backen Risse haben, können sie im Ofen auseinander brechen.

1 Mehl, Salz und Currypulver in eine Schüssel sieben. Die Butter zugeben und mit den trockenen Zutaten zu einer krümeligen Mischung verreiben. Den Käse und die Hälfte vom Ei zugeben und alles zu einem Teig verarbeiten. Diesen in Frischhaltefolie wickeln und für 30 Minuten in den Kühlschrank legen.

2 Den Backofen auf 200 °C vorheizen und mehrere Backbleche einfetten. Den Teig auf einer bemehlten Arbeitsfläche 5 mm dick ausrollen und in 7 cm × 1 cm große Streifen schneiden. Diese an den Seiten wellenartig leicht zusammendrücken und auf die vorbereiteten Backbleche legen.

3 Die Stangen mit dem restlichen Ei bestreichen. Die eine Hälfte der Stangen mit Mohnsamen, die andere mit Kreuzkümmelsamen bestreuen. Im vorgeheizten Ofen 10–15 Minuten goldgelb backen. Zum Auskühlen auf Kuchengitter legen.

Brote & Teekuchen

Brotbacken ist eine ausgesprochen sinnliche Tätigkeit – man könnte fast sagen, dass die Entstehung eines formschönen Laibes aus einem unansehnlichen Teigklumpen etwas Magisches hat. Der köstliche Duft, der beim Backen das ganze Haus durchzieht, weckt schon die Vorfreude auf den frischen, knusprigen Laib. Überflüssig zu erwähnen, dass selbst gebackenes Brot deutlich besser schmeckt als Brot aus Großbäckereien.

Wenn Sie glauben, Brotbacken sei kompliziert und langwierig, dann liegen Sie falsch. Mit Trockenhefe sind Teige leicht und schnell zuzubereiten. Sie müssen dann zwar einige Zeit gehen, aber währenddessen kann man auch etwas anderes erledigen. Besonders einfach geht es mit einem Brotbackautomaten.

Aus einem einfachen Brotteig lässt sich auch der Boden für eine scharfe Pepperoni-Pizza *(siehe Seite 42) herstellen, und durch die Zugabe weiterer Zutaten kann daraus eine Vielzahl köstlicher, süßer oder herzhafter Brotlaibe und Brötchen werden, z. B.* Käse-Schnittlauch-Zopf *(siehe Seite 45),* Aprikosen-Walnuss-Brot *(siehe Seite 56) oder* Chelsea-Schnecken *(siehe Seite 54). Sie finden in diesem Kapitel Rezepte für festliche Anlässe, z. B.* Christstollen *(siehe Seite 48) oder* Heiße Gewürzbrötchen *(siehe Seite 50), wie auch für einfache Teekuchen, z. B.* Dattel-Walnuss-Teekuchen *(siehe Seite 61) oder* Bananenkuchen mit Schokoraspeln *(siehe Seite 64), die am besten mit etwas Butter bestrichen zu einer Tasse Tee oder Kaffee schmecken.*

Peperoni-Pizza

Ergibt 2 Pizzen | **Vorbereitung: 20 Min., plus 30 Min. Ruhezeit** | **Garzeit: 14–20 Min.**

Peperoni-Wurst und Tomaten sind eine reizvolle Kombination, und die getrockneten roten Chillies geben dem Belag den nötigen Pfiff!

ZUTATEN

PIZZATEIG

225 g Mehl (Type 550), plus etwas mehr zum Bestäuben
2 TL Trockenhefe
1 TL hellbrauner Zucker
½ TL Salz
1 EL Olivenöl, plus etwas mehr zum Einfetten
175 ml lauwarmes Wasser

BELAG

400 g gehackte Tomaten aus der Dose, abgetropft
2 Knoblauchzehen, zerdrückt
1 TL getrockneter Oregano
1–2 TL getrocknete, zerstoßene Chillies
225 g Peperoni-Wurst, in Scheiben
2 EL Kapern, abgetropft
225 g Mozzarella, in dünnen Scheiben

NÄHRWERTANGABEN

Kilokalorien	1154
Eiweiß	65 g
Kohlenhydrate	97 g
Zucker	12 g
Fett	59 g
davon gesättigt	25 g

Variation

Falls Sie die Pizza weniger scharf wünschen, können Sie den Belag auch ohne Chillies zubereiten.

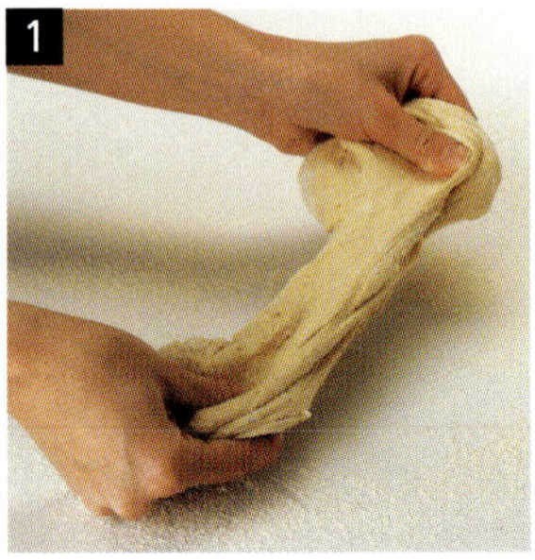
1

2

3

Tipp

Um Zeit zu sparen, kann man einen Fertig-Pizzateig verwenden, wie er in jedem Supermarkt erhältlich ist. Der selbst gemachte Teig ist jedoch leckerer und knuspriger als ein Fertigteig.

1 Das Mehl in eine vorgewärmte Schüssel sieben. Hefe, Zucker und Salz unterrühren und eine Mulde in die Mitte drücken. Das Olivenöl in das Wasser einrühren, dann die Mischung unter das Mehl rühren. Alles zu einem weichen Teig verarbeiten und diesen auf einer leicht bemehlten Arbeitsfläche 5–10 Minuten glatt kneten. Den Teig dann in eine vorgewärmte, eingeölte Schüssel legen und mit Frischhaltefolie abdecken. Ca. 30 Minuten an einem warmen Ort stehen lassen, bis sich sein Volumen verdoppelt hat.

2 Den Backofen auf 220 °C vorheizen und 2 Backbleche mit Öl bestreichen. Den Teig auf einer leicht bemehlten Arbeitsfläche 1 Minute leicht durchkneten, dann halbieren und jede Hälfte zu einem 25-cm-Kreis ausrollen. Auf die vorbereiteten Backbleche legen.

3 Für den Belag Tomaten, Knoblauch und Oregano in einer Schüssel vermengen. Je die Hälfte der Mischung auf den Teigböden verstreichen; dabei den Rand frei lassen.

4 Im vorgeheizten Ofen 7–10 Minuten backen, bis die Ränder der Pizzen goldgelb sind. Die zerstoßenen Chillies auf den Pizzen verstreuen, dann Wurstscheiben und Kapern und zum Schluss die Mozzarellascheiben darauf verteilen. Die Pizzen für weitere 7–10 Minuten in den Ofen schieben und danach sofort servieren.

Focaccia mit schwarzen Oliven

Für 12 Personen **Vorbereitung: 20–25 Min., plus 2 Std. Ruhezeit** **Garzeit: 30–35 Min.**

Focaccia ist ein mit Olivenöl gebackenes italienisches Fladenbrot. Sie können es zu Suppen und Salaten servieren – oder auch allein als leichte Zwischenmahlzeit.

ZUTATEN

500 g Mehl (Type 550), plus etwas mehr zum Bestäuben
1 TL Salz
2 TL Trockenhefe
350 ml lauwarmes Wasser
6 EL natives Olivenöl extra, plus etwas mehr zum Einfetten
115 g schwarze Oliven, entsteint und grob gehackt
1 TL Hagelsalz

NÄHRWERTANGABEN	
Kilokalorien	200
Eiweiß	5 g
Kohlenhydrate	31 g
Zucker	1 g
Fett	7 g
davon gesättigt	1 g

1

2

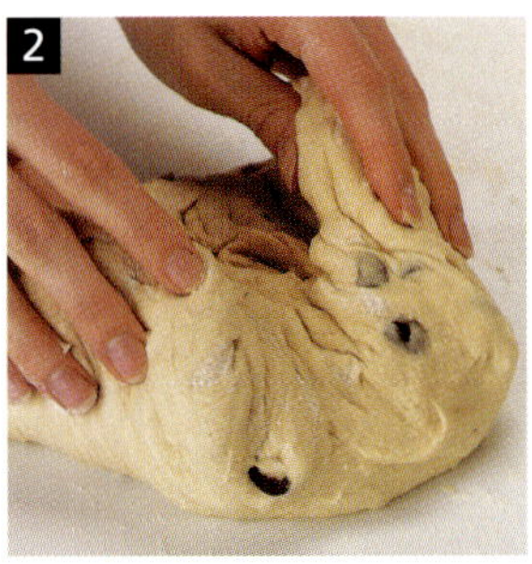

3

Tipp

Da das Olivenöl wesentlich zum Geschmack dieses Brotes beiträgt, sollte man hochwertiges Olivenöl verwenden.

1 Mehl und Salz in eine vorgewärmte Schüssel sieben und die Hefe unterrühren. Das Wasser und 2 Esslöffel Olivenöl zugeben, alles zu einem weichen Teig verarbeiten und diesen auf einer leicht bemehlten Arbeitsfläche 5–10 Minuten glatt kneten. Den Teig dann in eine vorgewärmte, eingeölte Schüssel legen und mit Frischhaltefolie abdecken. An einem warmen Ort 1 Stunde stehen lassen, bis sich sein Volumen verdoppelt hat.

2 2 Backbleche mit Öl bestreichen. Den Teig abschlagen und auf einer leicht bemehlten Arbeitsfläche 1 Minute durchkneten. Die Oliven zugeben und unterkneten. Den Teig halbieren, zwei ca. 28 × 23 cm große Ovale daraus formen und auf die vorbereiteten Backbleche legen. Mit eingeölter Frischhaltefolie abdecken und 1 Stunde an einem warmen Ort stehen lassen, bis der Teig aufgegangen ist.

3 Den Backofen auf 200 °C vorheizen. Mit den Fingern kleine Vertiefungen in den Teig drücken. Mit 2 Esslöffeln Olivenöl beträufeln und mit dem Hagelsalz bestreuen. Im vorgeheizten Ofen 30–35 Minuten goldgelb backen. Aus dem Ofen nehmen, mit dem restlichen Olivenöl beträufeln und mit einem Tuch abdecken, damit die Kruste weich wird. Jeden Laib in 6 Stücke schneiden und warm servieren.

Käse-Schnittlauch-Zopf

Garzeit: 35 Min.

Vorbereitung: 30 Min., plus 1 Std. 45 Min. Ruhezeit

Für 10 Personen

Ein köstliches, würziges Brot, das hervorragend als Beilage zu einer Suppe oder zu einem Imbiss mit Käse und Mixed Pickles passt.

NÄHRWERTANGABEN	
Kilokalorien	237
Eiweiß	9 g
Kohlenhydrate	35 g
Zucker	2 g
Fett	8 g
davon gesättigt	4 g

ZUTATEN

450 g Mehl (Type 550), plus etwas mehr zum Bestäuben
1 TL Salz
1 TL Zucker
1½ TL Trockenhefe
25 g Butter
115 g mittelalter Gouda, grob gerieben
3 EL frischer Schnittlauch, klein geschnitten
4 Frühlingszwiebeln, fein gehackt
150 ml lauwarme Milch
175 ml lauwarmes Wasser
Pflanzenöl, zum Einfetten
1 Ei, verquirlt, zum Glasieren

1

2
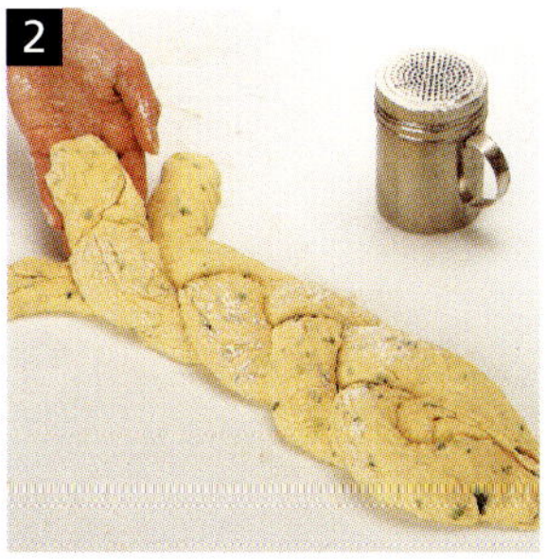

3

Variation

Aus diesem Teig kann man anstelle eines großen Brotlaibs auch kleinere Brötchen machen.

1 Mehl und Salz in eine vorgewärmte Schüssel sieben. Zucker und Hefe unterrühren. Die Butter hineinreiben, dann Käse, Schnittlauch und Frühlingszwiebeln unterrühren. Eine Mulde in die Mitte drücken. Milch und Wasser mischen und in die Mulde gießen. Alles zu einem weichen Teig verarbeiten. Den Teig auf eine leicht bemehlte Arbeitsfläche legen und ca. 10 Minuten glatt kneten.

2 Den Teig in eine saubere, eingeölte Schüssel legen und mit Frischhaltefolie abdecken. An einem warmen Ort 1 Stunde stehen lassen, bis sich sein Volumen verdoppelt hat. Den Backofen auf 220 °C vorheizen und ein großes Backblech mit Öl bestreichen. Den Teig wieder auf eine bemehlte Arbeitsfläche geben, 1 Minute durchkneten und in 3 Portionen aufteilen. Jede Portion zu einem Strang ausrollen, die drei Stränge zu einem Zopf flechten und an den Enden fest zusammendrücken.

3 Auf das vorbereitete Backblech legen und mit eingeölter Frischhaltefolie abdecken. 45 Minuten an einem warmen Ort stehen lassen, bis sich das Volumen des Teigs verdoppelt hat; dann mit dem verquirlten Ei bestreichen und 20 Minuten backen.

4 Die Ofentemperatur auf 180 °C reduzieren und weitere 15 Minuten backen, bis der Laib goldbraun ist und hohl klingt, wenn man darauf klopft. Warm oder kalt servieren.

Irisches Sodabrot

Für 12 Personen **Vorbereitung: 10 Min.** **Garzeit: 35–40 Min.**

Sodabrot enthält keine Hefe und ist daher schnell und einfach zuzubereiten – genau das Richtige, wenn unangemeldete Gäste kommen.

ZUTATEN

280 g Mehl, plus etwas mehr zum Bestäuben
280 g Vollkornmehl
1½ TL Natron
1 TL Salz
1 TL Rohzucker
ca. 425 ml Buttermilch

NÄHRWERTANGABEN	
Kilokalorien	167
Eiweiß	6 g
Kohlenhydrate	35 g
Zucker	3 g
Fett	1 g
davon gesättigt	0 g

Tipp

Buttermilch ist in jedem Supermarkt erhältlich. Sollten Sie jedoch keine Zeit zum Einkaufen haben, können Sie auch normale Milch verwenden.

1 Den Backofen auf 230 °C vorheizen. Ein Backblech mit Mehl bestäuben. Mehl, Vollkornmehl, Natron und Salz in eine Schüssel sieben und den Zucker unterrühren. Eine Mulde in die Mitte drücken und so viel Buttermilch zugießen, dass sich ein weicher, aber nicht zu feuchter oder klebriger Teig ergibt. Nötigenfalls noch etwas mehr Buttermilch zugeben.

2 Den Teig auf einer bemehlten Arbeitsfläche kurz durchkneten und rasch zu einem großen, runden, 5 cm dicken Laib formen. Leicht mit Mehl bestäuben und mit einem scharfen Messer ein tiefes Kreuz in die Oberfläche schneiden.

3 Den Laib auf das Backblech legen und 15 Minuten im vorgeheizten Ofen backen; dann die Ofentemperatur auf 200 °C reduzieren und weitere 20–25 Minuten backen, bis der Laib hohl klingt, wenn man auf seinen Boden klopft. Zum Abkühlen auf ein Kuchengitter legen und noch warm verzehren.

Maisbrot mit Chili und Käse

Garzeit: 20 Min.

Vorbereitung: 10 Min., plus 20 Min. Kühlzeit

Für 8 Personen

Dieses goldfarbene, mit Chillies gespickte Brot wurde ursprünglich über offenem Feuer gegart.

NÄHRWERTANGABEN	
Kilokalorien	409
Eiweiß	15 g
Kohlenhydrate	43 g
Zucker	3 g
Fett	20 g
davon gesättigt	11 g

ZUTATEN

55 g Butter, zerlassen, plus etwas mehr zum Einfetten

115 g Mehl

1¼ EL Backpulver

1 TL Salz

225 g feines Maismehl

150 g mittelalter Gouda, gerieben

2 Eier, verquirlt

300 ml Milch

1 frische rote Chili, entkernt und fein gehackt

1 Den Backofen auf 200 °C vorheizen. Eine schwere Backform (23 cm Durchmesser) oder eine ofenfeste Pfanne einfetten und den Boden mit Backpapier auslegen. Mehl, Backpulver und Salz in eine Schüssel sieben. Maismehl und 115 g geriebenen Käse unterrühren.

2 Die zerlassene Butter in eine Schüssel gießen. Eier und Milch unterrühren und alles in die Mehlmischung gießen. Die Chili zugeben. Alles nur kurz vermengen.

3 Den Teig in die vorbereitete Form geben und mit dem restlichen Käse bestreuen. Ca. 20 Minuten im vorgeheizten Ofen backen, bis das Brot aufgegangen und goldgelb ist. 2 Minuten in der Form abkühlen lassen, dann auf ein Kuchengitter legen und vollständig auskühlen lassen.

Tipp

Dieses köstliche Chili-Maisbrot trocknet recht schnell aus und sollte daher möglichst bald verzehrt werden.

Christstollen

Für 10 Personen

Vorbereitung: 30 Min., plus 5 Std. Ruhezeit

Garzeit: 40 Min.

Wenn Sie noch kein Christstollen-Rezept haben, das seit Generationen innerhalb Ihrer Familie weitergegeben wird, sollten Sie unbedingt dieses ausprobieren.

ZUTATEN

85 g Korinthen
55 g Sultaninen
30 g Zitronat und Orangeat, gehackt
55 g kandierte Kirschen, abgespült, getrocknet und geviertelt
2 EL Rum
55 g Butter
175 ml Milch
25 g hellbrauner Zucker
375 g Mehl (Type 550), plus etwas mehr zum Bestäuben
½ TL gemahlene Muskatnuss
½ TL Zimt
Samen aus 3 Kardamomkapseln, zerdrückt
2 TL Trockenhefe
fein abgeriebene Schale von 1 Zitrone
1 Ei, verquirlt
40 g Mandelblättchen
Pflanzenöl, zum Einfetten
175 g Marzipan
zerlassene Butter, zum Bestreichen
Puderzucker, zum Bestreuen

NÄHRWERTANGABEN

Kilokalorien	360
Eiweiß	8 g
Kohlenhydrate	59 g
Zucker	31 g
Fett	11 g
davon gesättigt	4 g

Variation

Sie können Muskatnuss und Zimt wahlweise auch durch Lebkuchen-Gewürzmischung und die Kirschen durch gehackte, getrocknete Aprikosen ersetzen.

1

2

3
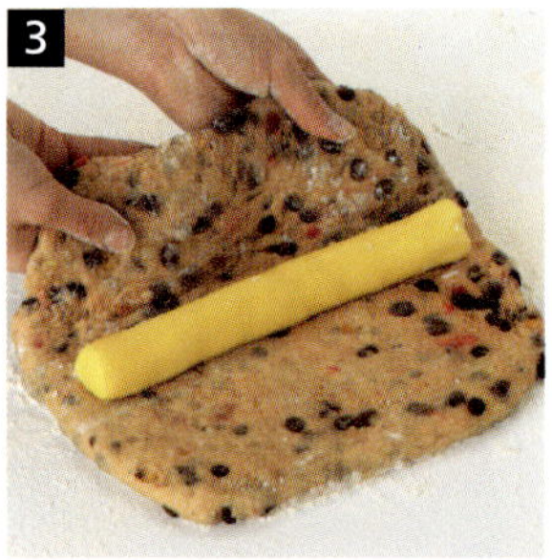

Tipp

Ein so gehaltvoller Teig wie dieser braucht recht lange zum Aufgehen. Versuchen Sie nicht, ihn möglichst warm zu stellen, um den Vorgang zu beschleunigen.

1 Korinthen, Sultaninen, Zitronat, Orangeat und Kirschen in einer Schüssel mit dem Rum verrühren und beiseite stellen. Butter, Milch und Zucker in einem Topf auf niedriger Stufe unter Rühren erhitzen, bis der Zucker aufgelöst und die Butter geschmolzen ist. Abkühlen lassen. Mehl, Muskatnuss und Zimt in eine Schüssel sieben. Den Kardamom zugeben. Die Hefe unterrühren. Eine Mulde in die Mitte drücken. Milchmischung, Zitronenschale und Ei zugeben und alles zu einem Teig verarbeiten.

2 Den Teig auf einer bemehlten Arbeitsfläche 5 Minuten durchkneten. Die Früchte und Mandeln unterkneten. Den Teig in eine eingeölte Schüssel legen, mit Frischhaltefolie abdecken und 3 Stunden an einem warmen Ort stehen lassen. Dann auf einer bemehlten Arbeitsfläche 1–2 Minuten durchkneten und zu einem 25-cm-Quadrat ausrollen.

3 Das Marzipan zu einer Stange ausrollen und in die Mitte des Teigstücks legen. Den Teig über die Marzipanstange falten und an den Kanten festdrücken. Mit der „Naht" nach unten auf ein eingefettetes Backblech legen, mit eingeölter Frischhaltefolie abdecken und 2 Stunden an einem warmen Ort stehen lassen. Den Ofen auf 190 °C vorheizen. Den Stollen 40 Minuten backen, bis er goldgelb ist und hohl klingt, wenn man darauf klopft. Mit zerlassener Butter bestreichen, mit Puderzucker bestreuen und auf einem Kuchengitter abkühlen lassen.

Heiße Gewürzbrötchen

Ergibt 12 Stück **Vorbereitung: 35 Min., plus 2 Std. 45 Min. Ruhezeit** **Garzeit: 16–21 Min.**

Schon allein der appetitliche Duft der ofenfrischen Gewürzbrötchen ist ein Erlebnis.

ZUTATEN

500 g Mehl (Type 550), plus etwas mehr zum Bestäuben
½ TL Salz
2 TL Lebkuchen-Gewürzmischung
1 TL gemahlene Muskatnuss
1 TL Zimt
2 TL Trockenhefe
50 g hellbrauner Zucker
fein abgeriebene Schale von 1 Zitrone
175 g Korinthen
75 g Zitronat und Orangeat, gehackt
75 g Butter, zerlassen
1 Ei
225 ml lauwarme Milch
Pflanzenöl, zum Einfetten

TEIGKREUZE

50 g Mehl
25 g Butter, in Stückchen
1 EL kaltes Wasser

GLASUR

3 EL Milch
3 EL hellbrauner Zucker

NÄHRWERTANGABEN

Kilokalorien	323
Eiweiß	7 g
Kohlenhydrate	57 g
Zucker	23 g
Fett	9 g
davon gesättigt	5 g

Variation

Wenn Sie lieber ganz kleine Gewürzbrötchen zubereiten möchten, teilen Sie den Teig in 24 statt in 12 Portionen auf.

1

2

3

Tipp

Drücken Sie die Teigkreuze behutsam, aber fest auf die Brötchen, damit sie beim Backen nicht aufreißen.

1 Mehl, Salz und Gewürze in eine Schüssel sieben. Hefe, Zucker, Zitronenschale, Korinthen, Zitronat und Orangeat unterrühren. Eine Mulde in die Mitte drücken. In einer zweiten Schüssel zerlassene Butter, Ei und Milch vermengen. In die Mehlmischung gießen und alles zu einem weichen Teig verarbeiten; nötigenfalls noch etwas Milch zugeben. Eine Schüssel mit Öl ausstreichen. Den Teig auf einer bemehlten Arbeitsfläche 10 Minuten glatt kneten, in die Schüssel legen, mit Frischhaltefolie abdecken und 1¾–2 Stunden an einem warmen Ort stehen lassen.

2 Den Teig auf einer bemehlten Arbeitsfläche 1–2 Minuten kneten und in 12 Bällchen aufteilen. Diese auf ein eingefettetes Backblech legen, etwas flach drücken, mit eingeölter Frischhaltefolie abdecken und 45 Minuten an einem warmen Ort stehen lassen. Den Backofen auf 220 °C vorheizen.

3 Für die Kreuze das Mehl in eine Schüssel sieben und die Butter hineinreiben. Mit dem kalten Wasser zu einem Teig verarbeiten. Aus diesem 24 Stränge à 18 cm formen. Für die Glasur Milch und Zucker in einem Topf auf niedriger Stufe unter Rühren erhitzen, bis der Zucker geschmolzen ist. Die Brötchen mit etwas Glasur bestreichen. Die Teigstreifen kreuzförmig auf die Brötchen legen. 15–20 Minuten goldgelb backen, mit der restlichen Glasur bestreichen und 1 weitere Minute backen. Auf Kuchengittern auskühlen lassen.

Kümmel-Gugelhupf

Für 8 Personen **Vorbereitung: 15 Min., plus 3–5 Std. Ruhezeit** **Garzeit: 30 Min.**

Dieser Gugelhupf ist einmal anders, als man ihn kennt. Die Zugabe von Kreuzkümmelsamen verleiht ihm sein besonderes Aroma.

ZUTATEN

225 g Mehl (Type 550)
55 g hellbrauner Zucker
2 TL Trockenhefe
4 TL Kreuzkümmelsamen
50 ml lauwarmes Wasser
115 g Butter, zerlassen, plus etwas mehr zum Einfetten
3 Eier, verquirlt
Puderzucker, zum Bestäuben
Butter, zum Servieren

NÄHRWERTANGABEN	
Kilokalorien	267
Eiweiß	7 g
Kohlenhydrate	29 g
Zucker	8 g
Fett	15 g
davon gesättigt	9 g

1

2
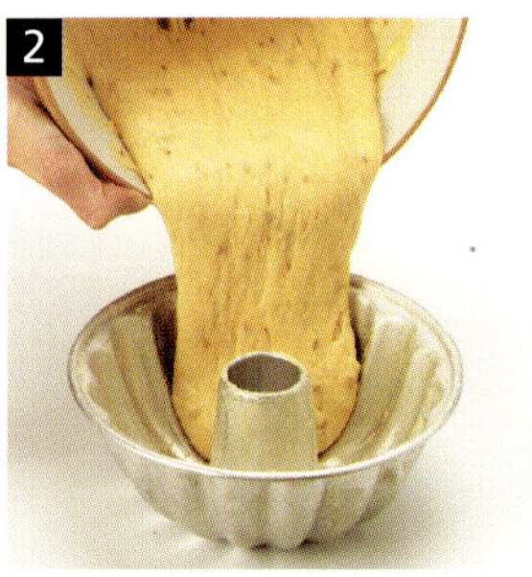

3

Tipp

Da eine Gugelhupf-Form viele Vertiefungen hat, muss man sie gut einfetten, damit sich der Kuchen nach dem Backen problemlos stürzen lässt. Statt einer Gugelhupf-Form kann man auch eine Ringform verwenden.

1 Das Mehl in eine vorgewärmte Schüssel sieben. Zucker, Hefe und Kümmelsamen unterrühren. In einer zweiten Schüssel Wasser, Butter und Eier mischen. Die Mischung in die trockenen Zutaten gießen und alles zu einem glatten Teig verarbeiten. Die Schüssel mit Frischhaltefolie abdecken und 2–3 Stunden an einem warmen Ort stehen lassen, bis sich das Teigvolumen verdoppelt hat.

2 Eine Gugelhupf-Form (ca. 20 cm Durchmesser) einfetten. Den Teig durchrühren und in die Form füllen. Mit Frischhaltefolie abdecken und weitere 1–2 Stunden gehen lassen, bis sich das Teigvolumen wieder verdoppelt hat. Den Backofen auf 200 °C vorheizen.

3 Die Frischhaltefolie entfernen und den Gugelhupf im vorgeheizten Ofen 20 Minuten backen, dann die Ofentemperatur auf 190 °C reduzieren und weitere 10 Minuten backen, bis er richtig aufgegangen und goldbraun ist. 10 Minuten in der Form abkühlen lassen, danach auf ein Kuchengitter stürzen und weiter abkühlen lassen. Mit Puderzucker bestreuen und noch warm mit Butter servieren.

Orangenbrioches mit Rosinen

Garzeit: 15 Min.

Vorbereitung: 30 Min., plus 2 Std. Ruhezeit

Ergibt 12 Stück

Brioche ist ein feines, französisches Hefegebäck, das in der Regel zum Frühstück verzehrt wird. Diese Variante mit Rosinen passt, vor allem mit Butter bestrichen, gut zu einer nachmittäglichen Tasse Kaffee.

NÄHRWERTANGABEN	
Kilokalorien	129
Eiweiß	4 g
Kohlenhydrate	19 g
Zucker	5 g
Fett	5 g
davon gesättigt	3 g

ZUTATEN

55 g Butter, zerlassen, plus etwas mehr zum Einfetten

225 g Mehl (Type 550), plus etwas mehr zum Bestäuben

½ TL Salz

2 TL Trockenhefe

1 EL hellbrauner Zucker

55 g Rosinen

abgeriebene Schale von 1 Orange

2 EL lauwarmes Wasser

2 Eier, verquirlt

Pflanzenöl, zum Einfetten

1 Ei, verquirlt, zum Glasieren

1

2

4

Tipp

Falls Sie keine Brioche-Formen haben, können Sie auch kleine Muffin-Formen verwenden. Die Brioches sind dann an den Seiten zwar nicht gewellt, schmecken aber ebenso gut.

1 12 kleine Brioche-Formen einfetten. Mehl und Salz in eine vorgewärmte Schüssel sieben. Hefe, Zucker, Rosinen und Orangenschale unterrühren. Eine Mulde in die Mitte drücken. In einer zweiten Schüssel Wasser, Eier und zerlassene Butter mischen. Alle Zutaten zu einem weichen Teig verrühren. Diesen auf einer leicht bemehlten Arbeitsfläche 5 Minuten glatt kneten. Eine Schüssel mit Öl ausstreichen, den Teig hineinlegen, mit Frischhaltefolie abdecken und 1 Stunde an einem warmen Ort stehen lassen, bis sich sein Volumen verdoppelt hat.

2 Den Teig auf einer leicht bemehlten Arbeitsfläche 1 Minute kurz durchkneten, zu einem Strang ausrollen und in 12 gleiche Stücke schneiden. Drei Viertel von jedem Teigstück zu einer Kugel formen und in die vorbereiteten Formen setzen. Mit bemehlten Fingern jeweils eine Mulde in die Mitte drücken. Aus den restlichen Teigstücken kleine Kugeln formen. Diese in die Mulden drücken und ein wenig abflachen.

3 Die Formen auf ein Backblech stellen, mit eingeölter Frischhaltefolie abdecken und 1 Stunde an einem warmen Ort stehen lassen, bis der Teig fast bis zum Rand der Formen aufgegangen ist.

4 Den Ofen auf 220 °C vorheizen. Die Brioches mit dem Ei bestreichen und 15 Minuten im vorgeheizten Ofen goldbraun backen. Warm, auf Wunsch mit Butter, servieren.

Chelsea-Schnecken

Ergibt 9 Stück **Vorbereitung: 30 Min., plus 1 Std. 45 Min. Ruhezeit** **Garzeit: 30 Min.**

Diese saftigen, fein-würzigen Chelsea-Schnecken sind zu einer Tasse Tee oder Kaffee am Nachmittag einfach unwiderstehlich.

ZUTATEN

- **25 g Butter, plus etwas mehr zum Einfetten**
- **225 g Mehl (Type 550), plus etwas mehr zum Bestäuben**
- **½ TL Salz**
- **2 TL Trockenhefe**
- **1 TL hellbrauner Zucker**
- **125 ml lauwarme Milch**
- **1 Ei, verquirlt**
- **Pflanzenöl, zum Einfetten**
- **85 g Puderzucker**

FÜLLUNG

- **55 g feiner Zucker**
- **115 g gemischtes Backobst**
- **1 TL Lebkuchen-Gewürzmischung**
- **55 g weiche Butter**

NÄHRWERTANGABEN

Kilokalorien	266
Eiweiß	5 g
Kohlenhydrate	45 g
Zucker	26 g
Fett	9 g
davon gesättigt	5 g

Variation

Besonders würzig wird die Füllung, wenn man noch ½ Teelöffel Zimt und ½ Teelöffel frisch geriebene Muskatnuss zugibt.

Tipp

Legen Sie die Schnecken in drei Reihen dicht nebeneinander in die vorbereitete Form, damit sie sich zu einem zusammenhängenden Stück verbinden, wenn sie beim Backen aufgehen.

1 Eine quadratische Backform (ca. 18 cm Seitenlänge) einfetten. Mehl und Salz in eine vorgewärmte Schüssel sieben, Hefe und Zucker unterrühren und die Butter hineinreiben. Eine Mulde in die Mitte drücken. Milch und Ei in einer zweiten Schüssel verrühren und in die Mehlmischung gießen. Alles zu einem weichen Teig verrühren und diesen auf einer bemehlten Arbeitsfläche 5–10 Minuten glatt kneten. Eine Schüssel mit Öl ausstreichen. Den Teig hineinlegen, mit Frischhaltefolie abdecken und 1 Stunde an einem warmen Ort stehen lassen.

2 Den Teig auf einer bemehlten Arbeitsfläche 1 Minute leicht durchkneten und zu einem 30 cm x 23 cm großen Rechteck ausrollen.

3 Für die Füllung Zucker, Backobst und Gewürze in einer Schüssel vermengen. Den Teig mit Butter bestreichen und mit der Mischung bestreuen. Von der Längsseite her aufrollen und in 9 Stücke schneiden. Diese mit der Schnittfläche nach oben in die Form legen. Mit eingeölter Frischhaltefolie abdecken und 45 Minuten an einem warmen Ort gehen lassen.

4 Den Ofen auf 190 °C vorheizen. Die Schnecken in 30 Minuten goldgelb backen. 10 Minuten in der Form abkühlen lassen, dann in einem Stück zum Abkühlen auf Kuchengitter legen. Den Puderzucker in eine Schüssel sieben und so viel Wasser zugießen, dass sich eine dünne Glasur ergibt. Die Schnecken damit bestreichen, nach dem Trocknen der Glasur trennen und servieren.

Aprikosen-Walnuss-Brot

Für 8 Personen

Vorbereitung: 25 Min., plus 2–5 Std. Ruhezeit

Garzeit: 30 Min.

Servieren Sie dieses Früchtebrot in Scheiben geschnitten und mit Butter bestrichen – oder aber als ganzen Laib, dann können sich ihre Gäste nach Belieben Stückchen abbrechen.

ZUTATEN

- **55 g Butter, plus etwas mehr zum Einfetten**
- **350 g Mehl (Type 550), plus etwas mehr zum Bestäuben**
- **½ TL Salz**
- **1 TL hellbrauner Zucker**
- **2 TL Trockenhefe**
- **115 g ungeschwefelte getrocknete Aprikosen, gehackt**
- **55 g Walnüsse, gehackt**
- **150 ml lauwarme Milch**
- **75 ml lauwarmes Wasser**
- **1 Ei, verquirlt**
- **Pflanzenöl, zum Einfetten**

BELAG

- **85 g Puderzucker**
- **Walnusshälften**

NÄHRWERTANGABEN

Kilokalorien	230
Eiweiß	6 g
Kohlenhydrate	34 g
Zucker	12 g
Fett	9 g
davon gesättigt	3 g

Variation

Als Alternative zu Aprikosen können auch kandierte Kirschen, getrocknete Preiselbeeren oder Datteln verwendet werden.

1

2

3

Tipp

Wenn man aus dem Teig wie beschrieben einen Zopf formt, lässt er sich später leichter in mundgerechte Stücke zerteilen. Lassen Sie das Früchtebrot vor dem Verzehr ganz auskühlen.

1 Ein Backblech einfetten und bemehlen. Mehl und Salz in eine vorgewärmte Schüssel sieben. Zucker und Hefe unterrühren und die Butter hineinreiben. Gehackte Aprikosen und Walnüsse zugeben. Eine Mulde in die Mitte drücken. Milch, Wasser und Ei in einer zweiten Schüssel mischen und in die trockenen Zutaten gießen. Alles zu einem weichen Teig verrühren und diesen auf einer bemehlten Arbeitsfläche 10 Minuten glatt kneten. Eine Schüssel mit Öl ausstreichen und den Teig hineinlegen. Mit Frischhaltefolie abdecken und 2–3 Stunden an einem warmen Ort aufgehen lassen.

2 Den Teig auf einer bemehlten Arbeitsfläche 1 Minute leicht durchkneten, dann in 5 gleich große Stücke aufteilen und jedes Stück zu einem 30 cm langen Strang ausrollen. 3 Stränge miteinander verflechten, an den Enden festdrücken und auf das vorbereitete Backblech legen. Die beiden übrigen Stränge zusammendrehen und darauf legen. Mit eingeölter Frischhaltefolie abdecken und 1–2 Stunden an einem warmen Ort aufgehen lassen.

3 Den Ofen auf 220 °C vorheizen. Das Brot ohne Folie 10 Minuten backen, dann die Temperatur auf 190 °C reduzieren. Weitere 20 Minuten backen. Zum Abkühlen auf ein Kuchengitter legen. Für den Belag den Puderzucker in eine Schüssel sieben und mit etwas Wasser verrühren. Den Laib mit diesem Guss beträufeln und mit Walnusshälften dekorieren.

Irisches Gewürzbrot

Garzeit: 1 Std.

Vorbereitung: 25 Min., plus 2 Std. 30 Min. Ruhezeit

Für 6 Personen

NÄHRWERTANGABEN	
Kilokalorien	260
Eiweiß	6 g
Kohlenhydrate	53 g
Zucker	20 g
Fett	5 g
davon gesättigt	3 g

Variation

Verwenden Sie statt Backobst Korinthen und Sultaninen bzw. eine Mischung aus Korinthen, Sultaninen und gehackten getrockneten Aprikosen oder Feigen.

Traditionellerweise wurde bei der Zubereitung dieses Gewürzbrotes ein Hochzeitsring in den Teig eingearbeitet. Man prophezeite, dass der glückliche Finder noch im selben Jahr heiraten würde.

ZUTATEN

- **650 g Mehl (Type 550), plus etwas mehr zum Bestäuben**
- **1 TL Lebkuchen-Gewürzmischung**
- **1 TL Salz**
- **2 TL Trockenhefe**
- **55 g hellbrauner Zucker**
- **300 ml lauwarme Milch**
- **150 ml lauwarmes Wasser**
- **Pflanzenöl, zum Einfetten**
- **55 g weiche Butter, plus etwas mehr zum Einfetten**
- **325 g gemischtes Backobst**
- **Milch, zum Glasieren**

Tipp

Durch dreimaliges Gehenlassen wird das Brot besonders locker und luftig. Wenn Sie in Eile sind, können Sie die zweite Ruhezeit entfallen lassen.

1 Mehl, Gewürzmischung und Salz in eine vorgewärmte Schüssel sieben. Die Hefe und 1 Esslöffel des Zuckers unterrühren. Eine Mulde in die Mitte drücken, Milch und Wasser hineingießen und allmählich mit den trockenen Zutaten zu einem zähen Teig verarbeiten. Diesen auf einer leicht bemehlten Arbeitsfläche geschmeidig kneten. Eine vorgewärmte Schüssel mit Öl ausstreichen, den Teig hineinlegen, mit Frischhaltefolie abdecken und 1 Stunde an einem warmen Ort stehen lassen, bis sich sein Volumen verdoppelt hat.

2 Den Teig auf einer bemehlten Arbeitsfläche 1 Minute leicht durchkneten, dann Butter, restlichen Zucker und Backobst zugeben und gut einarbeiten. Den Teig zurück in die Schüssel geben, wieder mit Frischhaltefolie abdecken und weitere 30 Minuten gehen lassen. Eine runde Backform (ca. 23 cm Durchmesser) einfetten. Aus dem Teig einen runden Laib formen. In die Form legen, abdecken und an einem warmen Ort stehen lassen, bis er bis zum Rand der Form aufgegangen ist. Den Ofen auf 200 °C vorheizen.

3 Die Oberfläche des Laibs dünn mit Milch bestreichen. Im vorgeheizten Ofen 15 Minuten backen. Den Laib mit Alufolie abdecken, die Ofentemperatur auf 180 °C reduzieren und weitere 45 Minuten backen, bis der Laib goldgelb ist und hohl klingt, wenn man auf seinen Boden klopft. Auf einem Kuchengitter auskühlen lassen.

Orangen-Marmorkuchen

Für 12 Personen **Vorbereitung: 20 Min., plus 20 Min. Kühlzeit** **Garzeit: 35–40 Min.**

Mit diesem Rezept erhält man zwei Kuchen: Einen für den sofortigen Verzehr und einen zum Einfrieren – es sei denn, Sie haben wirklich viele Gäste zu bewirten.

ZUTATEN

150 g weiche Butter, plus etwas mehr zum Einfetten
75 g Bitterschokolade, zerkleinert
250 g hellbrauner Zucker
5 große Eier, verquirlt
250 g Mehl
2 TL Backpulver
1 Prise Salz
abgeriebene Schale von 2 Orangen

NÄHRWERTANGABEN	
Kilokalorien	317
Eiweiß	6 g
Kohlenhydrate	39 g
Zucker	26 g
Fett	15 g
davon gesättigt	9 g

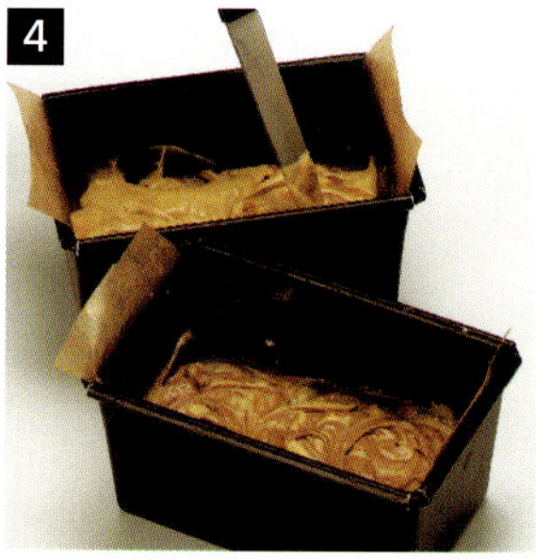

Tipp

Bei allmählicher Zugabe der Eier in Schritt 2 kann es so aussehen, als würde die Mischung gerinnen. Dies ist aber völlig normal und kein Grund zur Besorgnis.

1 Den Backofen auf 180 °C vorheizen. 2 Kastenformen (22 cm × 12 cm) einfetten; Böden und Schmalseiten mit Backpapier auslegen. Die Schokolade in eine Schüssel geben und diese auf einen Topf mit siedendem Wasser setzen, ohne dass ihr Boden das Wasser berührt. Vom Herd nehmen, sobald die Schokolade geschmolzen ist.

2 Butter und Zucker in einer zweiten Schüssel schaumig rühren. Die Eier portionsweise unterrühren. Mehl, Backpulver und Salz durchsieben und unterziehen.

3 Ein Drittel der Mischung zur geschmolzenen Schokolade geben und verrühren. Unter den Rest des Teigs die Orangenschale rühren. In jede Kastenform ein Viertel der Orangenmischung geben und gleichmäßig verteilen.

4 Die Schokoladenmischung löffelweise auf die Orangenmischung in den zwei Kastenformen geben, aber nicht glatt streichen. Dann den Rest der Orangenmischung auf die Formen verteilen. Die beiden oberen Schichten jeweils mit einem Messer ineinander rühren, um einen marmorierten Effekt zu erzielen. 35–40 Minuten im vorgeheizten Ofen backen, bis an einem hineingestochenen Stäbchen nichts mehr haften bleibt. 10 Minuten in den Formen abkühlen lassen, dann stürzen, das Backpapier abziehen und auf Kuchengittern vollständig auskühlen lassen.

Dattel-Walnuss-Teekuchen

Garzeit: 1 Std. 5 Min. – 1 Std. 20 Min.

Vorbereitung: 20 Min., plus 20 Min. Kühlzeit

Für 10 Personen

Dieser saftige Teekuchen enthält köstlich dickflüssige Schichten aus süßem Dattelpüree.

NÄHRWERTANGABEN	
Kilokalorien	396
Eiweiß	6 g
Kohlenhydrate	46 g
Zucker	35 g
Fett	22 g
davon gesättigt	11 g

ZUTATEN

175 g Butter, plus etwas mehr zum Einfetten
225 g getrocknete Datteln, entsteint und in kleine Stückchen gehackt
abgeriebene Schale und Saft von 1 Orange
50 ml Wasser
175 g Rohzucker
3 Eier, verquirlt
85 g Vollkornmehl
85 g Mehl
1¾ TL Backpulver
55 g Walnüsse, gehackt
8 Walnusshälften
Orangenzeste, zum Dekorieren

1

2

3

Tipp

Kandierte Datteln sollten nicht verwendet werden, da vollständig durchgezuckerte Früchte den Kuchen zu süß machen würden.

1 Den Backofen auf 160 °C vorheizen. Eine 30-cm-Kastenform einfetten; Boden und Schmalseiten mit Backpapier auslegen. Datteln, Orangenschale, Orangensaft und Wasser in einem Topf auf mittlerer Stufe unter Rühren 5 Minuten kochen, bis sich ein weiches Püree ergibt.

2 Butter und Zucker in einer Schüssel schaumig rühren. Portionsweise die Eier einrühren, dann Vollkornmehl, Mehl und Backpulver in die Schüssel sieben und mit den gehackten Walnüssen unterziehen. Ein Drittel der Mischung auf dem Boden der vorbereiteten Kastenform verteilen und die Hälfte des Dattelpürees darauf verstreichen.

3 Eine zweite Teigschicht, eine zweite Dattelpüree-Schicht und zuletzt eine dritte Teigschicht anlegen. Auf der Oberfläche die Walnusshälften verteilen. 1–1¼ Stunden backen, bis der Kuchen aufgegangen ist und sich seine Oberfläche fest anfühlt. 10 Minuten in der Form abkühlen lassen, dann stürzen und das Backpapier abziehen. Den Kuchen zum Abkühlen auf ein Kuchengitter stellen, mit Orangenzeste dekorieren und angeschnitten servieren.

Gewürzkuchen mit Äpfeln und Aprikosen

Für 10 Personen | **Vorbereitung: 15 Min., plus 10 Min. Kühlzeit** | **Garzeit: 55–60 Min.**

Da dieser fruchtige Kuchen recht fest ist, ist er genau das Richtige für den Picknickkorb oder für die Pause in der Schule.

ZUTATEN

115 g weiche Butter, plus etwas mehr zum Einfetten
140 g Rohzucker
2 Eier, verquirlt
100 g ungeschwefelte getrocknete Aprikosen, gehackt
2 Speiseäpfel, geschält und grob gerieben
2 EL Milch
225 g Mehl
2¼ TL Backpulver
1 TL Lebkuchen-Gewürzmischung
½ TL Zimt

NÄHRWERTANGABEN	
Kilokalorien	258
Eiweiß	4 g
Kohlenhydrate	38 g
Zucker	21 g
Fett	11 g
davon gesättigt	7 g

Tipp

Getrocknete Früchte werden in den Supermärkten geschwefelt oder ungeschwefelt verkauft. Geschwefelte behalten ihre attraktive helle Farbe, ungeschwefelte sind dafür gesünder.

1. Den Backofen auf 180 °C vorheizen. Eine 30-cm-Kastenform einfetten; Boden und Schmalseiten mit Backpapier auslegen. Butter und Zucker in eine Schüssel geben und schaumig rühren, dann die Eier portionsweise unterrühren.

2. 25 g der Aprikosen beiseite stellen, den Rest zusammen mit den geriebenen Äpfeln und der Milch unterrühren. Mehl, Backpulver, Gewürzmischung und Zimt durchsieben und unterziehen.

3. Die Mischung in die vorbereitete Form geben und mit den beiseite gestellten Aprikosen bestreuen. Im vorgeheizten Ofen 55–60 Minuten backen, bis der Kuchen aufgegangen ist und an einem hineingestochenen Stäbchen nichts mehr haften bleibt. 10 Minuten abkühlen lassen, stürzen und das Backpapier abziehen. Auf einem Kuchengitter vollständig auskühlen lassen.

Süßer Teekuchen mit Ingwermarmelade

Garzeit: 1 Std.

Vorbereitung: 10 Min., plus 10 Min. Kühlzeit

Für 6 Personen

Die Ingwermarmelade verleiht diesem saftigen Teekuchen seine besondere Note – ideal zu Tee oder Kaffee am Nachmittag.

NÄHRWERTANGABEN	
Kilokalorien	399
Eiweiß	5 g
Kohlenhydrate	45 g
Zucker	28 g
Fett	23 g
davon gesättigt	11 g

ZUTATEN

175 g weiche Butter, plus etwas mehr zum Einfetten

125 g Ingwermarmelade

175 g Rohzucker

3 Eier, verquirlt

225 g Mehl

2¾ TL Backpulver

1 TL gemahlener Ingwer

100 g Pekannüsse, grob gehackt

1

2

3

Tipp

Decken Sie die Oberfläche des Kuchens mit einem Stück Alufolie ab, wenn er beim Backen zu dunkel werden sollte.

1 Den Backofen auf 180 °C vorheizen. Eine 30-cm-Kastenform einfetten; Boden und Schmalseiten mit Backpapier auslegen. 1 Esslöffel der Ingwermarmelade in einen kleinen Topf geben und beiseite stellen. Die restliche Marmelade, Butter, Zucker und Eier in eine Schüssel geben.

2 Mehl, Backpulver und gemahlenen Ingwer in die Schüssel sieben und alles glatt rühren. Drei Viertel der Nüsse unterrühren. Den Teig in die vorbereitete Kastenform geben und an der Oberfläche glatt streichen. Mit den restlichen Nüssen bestreuen und 1 Stunde im vorgeheizten Ofen backen, bis der Kuchen aufgegangen ist und an einem hineingestochenen Stäbchen nichts mehr haften bleibt.

3 10 Minuten in der Form abkühlen lassen, dann stürzen und das Backpapier abziehen. Auf einem Kuchengitter etwas abkühlen lassen. Die beiseite gestellte Marmelade in dem Topf auf niedriger Stufe leicht erhitzen, dann den noch warmen Kuchen damit bestreichen. In Scheiben schneiden und servieren.

Bananenkuchen mit Schokoraspeln

Für 10 Personen

Vorbereitung: 25 Min., plus 30 Min. Kühlzeit

Garzeit: 1 Std. 10 Min.

Die Bananen machen diesen Kuchen so wunderbar saftig – und damit zum Lieblingskuchen vieler Kinder.

ZUTATEN

115 g weiche Butter, plus etwas mehr zum Einfetten
175 g Mehl
1 TL Natron
1 Prise Salz
1 TL Zimt
175 g hellbrauner Zucker
2 große, reife Bananen, zerdrückt
2 Eier, verquirlt
5 EL heißes Wasser
175 g Schokoladenraspel

ZUM SERVIEREN

Schlagsahne
gebrauchsfertige Schokoladenornamente

NÄHRWERTANGABEN

Kilokalorien	344
Eiweiß	4 g
Kohlenhydrate	49 g
Zucker	34 g
Fett	16 g
davon gesättigt	10 g

Variation

Wenn man für die Schokoladenraspel Bitterschokolade verwendet, wird der Kuchen aromatischer und etwas weniger süß.

Tipp

Da dieser Kuchen sehr saftig ist, ist die Garprobe mit einem Stäbchen nicht möglich; an diesem würde in jedem Fall etwas haften bleiben.

1 Den Backofen auf 160 °C vorheizen. Eine 30-cm-Kastenform einfetten und mit Backpapier auslegen. Mehl, Natron, Salz und Zimt in eine Schüssel sieben und beiseite stellen. Butter und Zucker in eine Schüssel geben und schaumig schlagen.

2 Die Bananen unterrühren, danach die Eier. Die Mischung mag nun wie geronnen aussehen, was aber völlig normal ist. Abwechselnd Mehlmischung und heißes Wasser unterrühren, bis alles grob miteinander vermischt ist. Dann die Schokoladenraspel unterrühren.

3 Den Teig in die vorbereitete Form geben und an der Oberfläche glatt streichen. Im vorgeheizten Ofen 1 Stunde 10 Minuten backen, bis der Kuchen aufgegangen und goldbraun ist und sich seine Oberfläche fest anfühlt. 30 Minuten in der Form abkühlen lassen, dann stürzen und das Backpapier abziehen. Auf einem Kuchengitter vollständig auskühlen lassen, in Scheiben schneiden und servieren. Dazu mit Schokoladenornamenten dekorierte Schlagsahne reichen.

Glitzerndes Früchtebrot

Garzeit: 1 Std. 30 Min. – 1 Std. 45 Min.

Vorbereitung: 20 Min., plus ca. 8 Std. Einweich-/Kühlzeit

Für 10 Personen

NÄHRWERTANGABEN	
Kilokalorien	400
Eiweiß	6 g
Kohlenhydrate	53 g
Zucker	39 g
Fett	20 g
davon gesättigt	9 g

Variation

Verwenden Sie nach Belieben unterschiedliche Arten von Backobst und Nüssen.

Dieser süße, gehaltvolle Früchtekuchen ist genau das Richtige für Familienfeiern oder Partys, schmeckt aber natürlich auch ohne Gäste zu einer Tasse Tee am Nachmittag.

ZUTATEN

- **55 g Sultaninen**
- **85 g getrocknete Aprikosen, grob gehackt**
- **55 g Datteln, entsteint und gehackt**
- **90 ml kalter schwarzer Tee**
- **115 g Butter, plus etwas mehr zum Einfetten**
- **115 g Rohzucker**
- **2 Eier, verquirlt**
- **175 g Mehl, gesiebt**
- **1¾ TL Backpulver**
- **55 g kandierte Ananas, grob gehackt**
- **85 g kandierte Kirschen, halbiert**
- **85 g Paranüsse, grob gehackt**

BELAG

- **25 g Walnusshälften**
- **25 g Paranüsse**
- **55 g kandierte Kirschen, halbiert**
- **2 EL Aprikosenkonfitüre, durch ein Sieb gestrichen**

1

2

3

Tipp

Nach dem Einweichen in kaltem schwarzem Tee sind die Trockenfrüchte prall und weich und machen das Früchtebrot noch aromatischer und saftiger.

1 Sultaninen, Aprikosen und Datteln eine Schüssel geben und mit dem Tee übergießen. Abdecken und 8 Stunden bzw. über Nacht einweichen lassen. Den Backofen auf 160 °C vorheizen. Eine 30-cm-Kastenform einfetten; Boden und Schmalseiten mit Backpapier auslegen. Butter und Zucker in eine Schüssel geben und schaumig rühren.

2 Die Eier portionsweise unterrühren, dann abwechselnd Mehl und Backpulver sowie die eingeweichten Früchte unterziehen. Ananas, Kirschen und gehackte Nüsse behutsam unterrühren. Die Mischung in die vorbereitete Form geben. Für den Belag Walnusshälften, Paranüsse und Kirschhälften auf der Oberfläche verteilen.

3 1½–1¾ Stunden im vorgeheizten Ofen backen bzw. bis an einem hineingestochenen Stäbchen nichts mehr haften bleibt. 10 Minuten in der Form abkühlen lassen, dann stürzen und das Backpapier abziehen. Auf einem Kuchengitter vollständig auskühlen lassen. Die Aprikosenkonfitüre leicht erhitzen und die Oberfläche des Kuchens damit bestreichen.

Quiches & Tartes

Viele Rezepte in diesem Kapitel beziehen sich auf die in der Einleitung beschriebenen Grundteige, die leicht herzustellen sind. Sie können stattdessen natürlich auch auf Fertigteige zurückgreifen, die in guter Qualität im Handel angeboten werden.

Dieses Kapitel enthält Rezepte aus der ganzen Welt, z. B. den frischen, leichten Sizilianischen Ricotta-Kuchen *(siehe Seite 89), die in Amerika sehr beliebte* Pekannuss-Pie *(siehe Seite 72) oder die herrlich süße* Baklava *aus dem griechisch-türkischen Raum (siehe Seite 80). Einige der einfachsten Rezepte arbeiten mit Filo-Teig, z. B. der* Birnenstrudel mit Pekannüssen *(siehe Seite 88), bei dem der Teig weder ausgerollt noch zum Auslegen einer Form verwendet, sondern einfach um die Füllung gewickelt wird. Für jeden Anlass gibt es das passende Rezept. Der* Orangen-Tarte mit Zuckersirup *(siehe Seite 79) oder der* Kokosnusskuchen *(siehe Seite 70) runden ein Essen im Familienkreis ab, die elegante* Tarte au citron *(siehe Seite 76) oder die gehaltvolle* Schokoladen-Tarte mit Maronen und Ingwer *(siehe Seite 90) schließen ein eher festliches Essen ab. Kleine Törtchen, z. B. das* Sommerfrüchte-Törtchen *(siehe Seite 86), machen sich gut zum Dessert. Daneben gibt es Rezepte für herzhaftes Gebäck, das sich zu ganz unterschiedlichen Gelegenheiten servieren lässt:* Krebs-Ingwer-Taschen *(siehe Seite 94) passen gut zu einem Drink,* Filo-Törtchen mit Avocado-Salsa *(siehe Seite 95) und* Brandteigkörbchen mit Krabbencocktail *(siehe Seite 96) sind wunderbare Vorspeisen, und die griechischen* Feta-Oliven-Miniquiches *(siehe Seite 98) ergeben mit einem Salat ein schnelles, leichtes Mittagessen.*

Kokosnuss-Tarte

Für 8 Personen **Vorbereitung: 25 Min., plus 1 Std. Kühlzeit** **Garzeit: 55 Min.**

Ein Obstkuchen mit einer herrlich saftigen Kokosfüllung – er schmeckt besonders gut als erfrischender Abschluss einer üppigen Mahlzeit.

ZUTATEN

Butter, zum Einfetten
Mehl, zum Bestäuben
1 Rezept Süßer Mürbeteig (siehe Seite 13)

FÜLLUNG
2 Eier
abgeriebene Schale und Saft von 2 Zitronen
200 g hellbrauner Zucker
375 g Crème double
250 g Kokosraspel

NÄHRWERTANGABEN	
Kilokalorien	772
Eiweiß	7 g
Kohlenhydrate	59 g
Zucker	38 g
Fett	58 g
davon gesättigt	40 g

Variation

Auf Wunsch kann man die Füllung noch mit ½ Teelöffel Muskatnuss verfeinern.

Tipp

Zu dieser Kokosnuss-Tarte passt hervorragend eine Beilage aus frischem Passionsfruchtpüree. Kokosraspel sind in den meisten Supermärkten ohne Probleme erhältlich.

1 Den Backofen auf 200 °C vorheizen. Eine Obstkuchenform (ca. 24 cm Durchmesser) einfetten. Den Teig auf einer leicht bemehlten Arbeitsfläche ausrollen. Die Form damit auslegen und blindbacken (siehe Seite 13), dann die Ofentemperatur auf 160 °C reduzieren. Ein Backblech in den Ofen schieben.

2 Für die Füllung Eier, Zitronenschale und Zucker in eine Schüssel geben und 1 Minute verrühren. Vorsichtig die Crème double unterrühren, dann den Zitronensaft und zum Schluss die Kokosraspel.

3 Die Füllung auf dem Kuchenboden verteilen und die Form auf das vorgewärmte Backblech stellen. 40 Minuten im vorgeheizten Ofen backen, bis der Belag gestockt und goldgelb ist. Ca. 1 Stunde abkühlen und fest werden lassen, dann zimmerwarm servieren.

Pekannuss-Pie

Für 8 Personen **Vorbereitung: 25 Min.** **Garzeit: 50 Min. – 1 Std. 5 Min.**

Dieser Pie ist eine amerikanische Nachspeise – gehaltvoll, sättigend und äußerst wohl schmeckend.

ZUTATEN

Butter, zum Einfetten
Mehl, zum Bestäuben
1 Rezept Süßer Mürbeteig (siehe Seite 13)

FÜLLUNG
3 Eier
225 g Rohzucker
5 Tropfen Vanillearoma
1 Prise Salz
85 g Butter, zerlassen
3 EL Zuckersirup
3 EL Zuckerrübensirup
225 g Pekannüsse, grob gehackt
Pekannusshälften, zum Dekorieren
Schlagsahne oder Vanilleeis, zum Servieren

NÄHRWERTANGABEN

Kilokalorien	730
Eiweiß	9 g
Kohlenhydrate	74 g
Zucker	53 g
Fett	46 g
davon gesättigt	17 g

Variation

Wenn der Pie für eine Party gedacht ist, kann man vor dem Servieren noch ein dekoratives Sahnemuster auf die Oberfläche spritzen.

Tipp

Wenn der Teig während der Backzeit zu dunkel wird, sollte man den Pie mit Alufolie abdecken, damit er nicht anbrennt.

1 Den Backofen auf 200 °C vorheizen. Eine Obstkuchenform (24–26 cm Durchmesser) einfetten. Den Teig auf einer leicht bemehlten Arbeitsfläche ausrollen. Die Form damit auslegen und blindbacken (siehe Seite 13), dann die Ofentemperatur auf 180 °C reduzieren. Ein Backblech in den Ofen schieben.

2 Für die Füllung die Eier in eine Schüssel aufschlagen und leicht verquirlen. Zucker, Vanillearoma und Salz unterrühren, dann zerlassene Butter, Zuckersirup, dunklen Sirup und gehackte Nüsse unterrühren. Die Mischung auf dem Kuchenboden verteilen und mit Pekannusshälften dekorieren.

3 Die Form auf das vorgewärmte Backblech stellen und 35–40 Minuten im vorgeheizten Ofen backen, bis die Füllung fest ist. Warm oder zimmerwarm mit Sahne oder Vanilleeis servieren.

Pflaumen-Mandel-Tarte

Garzeit: 50 Min. – 1 Std. 5 Min.

Vorbereitung: 30 Min.

Für 8 Personen

Bei dieser Obsttorte werden Sie entdecken, wie gut sich Pflaumen und Mandeln ergänzen.

NÄHRWERTANGABEN

Kilokalorien	530
Eiweiß	8 g
Kohlenhydrate	60 g
Zucker	39 g
Fett	29 g
davon gesättigt	14 g

Variation

Verwenden Sie anstelle von Pflaumen auch Aprikosen, Kirschen oder halbierte und in Scheiben geschnittene Birnen.

ZUTATEN

Butter, zum Einfetten

Mehl, zum Bestäuben

1 Rezept Süßer Mürbeteig (siehe Seite 13)

FÜLLUNG

1 Ei

1 Eigelb

140 g hellbrauner Zucker

55 g Butter, zerlassen

100 g gemahlene Mandeln

1 EL Weinbrand

900 g Pflaumen, halbiert und entsteint

Schlagsahne, zum Servieren (nach Belieben)

Tipp

Die Pflaumenhälften müssen ganz dicht nebeneinander liegen, da sie sich während des Backens zusammenziehen; vermeiden Sie daher größere Lücken.

1 Den Backofen auf 200 °C vorheizen. Eine Obstkuchenform (24 cm Durchmesser) einfetten. Den Teig auf einer leicht bemehlten Arbeitsfläche ausrollen. Die Form damit auslegen und blindbacken (siehe Seite 13). Ein Backblech in den Ofen schieben.

2 Für die Füllung Ei, Eigelb, 100 g Zucker, zerlassene Butter, gemahlene Mandeln und Weinbrand in einer Schüssel zu einer Paste vermengen und diese auf dem Kuchenboden verstreichen.

3 Die Pflaumenhälften mit der Schnittfläche nach oben dicht aneinander auf der Mandelpaste anordnen und mit dem restlichen Zucker bestreuen. Die Form auf das vorgewärmte Backblech stellen. 35–40 Minuten im vorgeheizten Ofen backen, bis die Füllung fest und der Teig gebräunt ist. Warm und nach Belieben mit Schlagsahne servieren.

Tarte au citron

Für 6 Personen **Vorbereitung: 20 Min., plus 15 Min. Kühlzeit** **Garzeit: 40–55 Min.**

Probieren Sie diesen würzig-frischen Kuchen als Krönung eines festlichen Menüs.

ZUTATEN

Butter, zum Einfetten
Mehl, zum Bestäuben
1 Rezept Süßer Mürbeteig mit Ei (siehe Seite 13)

FÜLLUNG

1 großes Ei
4 große Eigelb
140 g hellbrauner Zucker
fein abgeriebene Schale und Saft von 4 Zitronen (benötigt werden 150 ml Saft)
150 g Crème double
Puderzucker, zum Bestäuben

NÄHRWERTANGABEN

Kilokalorien	580
Eiweiß	8 g
Kohlenhydrate	65 g
Zucker	37 g
Fett	34 g
davon gesättigt	20 g

Variation

Dekorieren Sie die Tarte nach dem Backen mit einigen Zitronenzesten.

Tipp

Die Oberfläche der Tarte sollte nicht bräunen. Sollte dies beim Backen doch geschehen, deckt man sie sofort lose mit einem Stück Alufolie ab.

1 Den Backofen auf 200 °C vorheizen. Eine Obstkuchenform (ca. 24 cm Durchmesser) einfetten. Den Teig auf einer leicht bemehlten Arbeitsfläche ausrollen. Die Form damit auslegen und blindbacken (siehe Seite 13). Die Ofentemperatur auf 160 °C reduzieren. Ein Backblech in den Ofen schieben.

2 Für die Füllung Ei, Eigelb und Zucker in einer Schüssel zu einer glatten Mischung verarbeiten. Behutsam Zitronenschale, Zitronensaft und Crème double unterrühren. Den größten Teil der Füllung auf den Kuchenboden gießen und die Form auf das vorgewärmte Backblech in den Ofen stellen. Dann den Rest der Füllung löffelweise zugeben.

3 25–30 Minuten im vorgeheizten Ofen backen, bis die Füllung durchgehend fest ist. 15 Minuten in der Form abkühlen lassen. Warm oder kalt servieren. Vor dem Servieren mit Puderzucker bestäuben.

Tarte Tatin mit Birnen und Kardamom

Für 4 Personen **Vorbereitung: 20 Min.** **Garzeit: 30–35 Min.**

Eine Variation des französischen Klassikers, den die Schwestern Tatin erfunden haben sollen: Eine von ihnen hat der Legende nach einen Apfelkuchen verkehrt herum gebacken, da er versehentlich umgekippt war.

ZUTATEN

55 g weiche Butter
55 g hellbrauner Zucker
Samen aus 10 Kardamomkapseln
Mehl, zum Bestäuben
225 g Blätterteig, Tiefkühlware aufgetaut
3 reife Birnen
Schlagsahne, zum Servieren

NÄHRWERTANGABEN	
Kilokalorien	414
Eiweiß	4 g
Kohlenhydrate	47 g
Zucker	26 g
Fett	25 g
davon gesättigt	7 g

Tipp

Für diesen Obstkuchen verwendet man am besten relativ große runde Birnen anstelle der länglichen Sorten. Wählen Sie vorzugsweise reife, nicht zu feste Früchte.

1 Den Backofen auf 220 °C vorheizen. Die Butter auf dem Boden einer schweren Backform (18 cm Durchmesser) verstreichen und gleichmäßig mit dem Zucker bestreuen. Die Kardamomsamen auf dem Zucker verteilen. Den Blätterteig auf einer bemehlten Arbeitsfläche zu einem Kreis ausrollen, der etwas größer als die Form ist. Den Teig etwas einstechen, auf einen Teller legen und in den Kühlschrank stellen, während die Birnen vorbereitet werden.

2 Die Birnen schälen und längs halbieren. Kerngehäuse entfernen. Mit der Schnittfläche nach oben in die Form legen. Auf den Herd stellen und auf mittlerer Stufe erhitzen, bis der Zucker schmilzt und zusammen mit Butter und austretendem Birnensaft Bläschen bildet. Falls sich dunkle Stellen bilden, die Form verrücken, aber nicht rühren. Sobald der Zucker karamellisiert ist, die Form vom Herd nehmen.

3 Den Teig auf die Birnen legen und am Rand entlang in die Form drücken. 25 Minuten backen, bis der Teig aufgegangen und goldgelb ist. Die Tarte 2–3 Minuten in der Form lassen, bis der Saft keine Bläschen mehr bildet.

4 Die Tarte auf einen Teller stürzen und durch Rütteln aus der Form lösen. Eventuell festsitzende Birnenstücke mit einem Palettmesser lösen. Die Tarte warm mit Schlagsahne servieren.

Orangen-Tarte mit Zuckersirup

Garzeit: 30 Min. **Vorbereitung: 20 Min.** **Für 6 Personen**

Die Brotkrumen verleihen diesem Kuchen, der äußerlich einer Linzer Torte ähnlich sieht, seine besondere Konsistenz.

NÄHRWERTANGABEN	
Kilokalorien	275
Eiweiß	3 g
Kohlenhydrate	50 g
Zucker	27 g
Fett	8 g
davon gesättigt	4 g

ZUTATEN

Butter, zum Einfetten

Mehl, zum Bestäuben

1 Rezept Einfacher Mürbeteig **(siehe Seite 13)**

FÜLLUNG

ca. 125 ml Zuckersirup

fein abgeriebene Schale von 1 Orange

1 EL Orangensaft

ca. 6 EL frische Weißbrotkrumen

1

2

3

Tipp

Wer diesen Kuchen kalt essen möchte, sollte ihn aus dem Ofen nehmen, solange die Füllung noch etwas weich ist, denn sie wird beim Abkühlen noch fester.

1 Eine Obstkuchenform (ca. 20 cm Durchmesser) einfetten. ⅔ des Teigs auf einer leicht bemehlten Arbeitsfläche ausrollen und die Form damit auslegen. Teigreste aufbewahren. Den Backofen auf 190 °C vorheizen. Für die Füllung Sirup, Orangenschale und -saft in einem Topf auf niedriger Stufe unter Rühren erhitzen, bis die Mischung dünnflüssig ist.

2 Den Topf vom Herd nehmen und die Brotkrumen unterrühren. 10 Minuten stehen lassen, bis die Brotkrumen den Sirup aufgesogen haben. Falls die Mischung zu dick ist, etwas mehr Sirup zugeben; ist sie zu dünn, noch mehr Brotkrumen zugeben. Sie sollte die Konsistenz dickflüssigen Honigs haben. Die Mischung dann auf dem Kuchenboden verteilen.

3 Den restlichen Teig und die Teigreste ausrollen, in schmale Streifen schneiden und damit ein Gittermuster auf der Kuchenoberfläche bilden. 30 Minuten im vorgeheizten Ofen backen, bis die Füllung beinahe fest und der Rand des Teigs gebräunt ist. Warm oder kalt servieren.

Baklava

Ergibt ca. 20 Stück

Vorbereitung: 30 Min., plus 30 Min. Kühlzeit

Garzeit: 40–50 Min.

Baklava, Vermächtnis des Osmanischen Reichs, ist wie viele orientalische Desserts sehr süß und zugleich saftig. Nichts passt besser dazu als ein Tässchen türkischer Kaffee oder ein Espresso.

ZUTATEN

115 g abgezogene Mandeln
115 g Walnüsse
55 g Pistazien, geschält
55 g Rohzucker
1 TL Zimt
½ TL frisch geriebene Muskatnuss
55 g Butter, zerlassen, plus etwas mehr zum Einfetten
12 Blätter Filo-Teig à ca. 30 cm × 18 cm

SIRUP

225 g Kristallzucker
150 ml Wasser
1 EL Zitronensaft
1 EL Orangenblütenwasser

NÄHRWERTANGABEN	
Kilokalorien	190
Eiweiß	3 g
Kohlenhydrate	20 g
Zucker	15 g
Fett	11 g
davon gesättigt	2 g

Variation

Für die Füllung lassen sich unterschiedliche Nussorten kombinieren; probieren Sie z. B. auch Paranüsse oder Pekannüsse.

Tipp

Achten Sie darauf, die Nüsse in der Küchenmaschine nicht vollständig zu zermahlen, denn die Baklava sollte noch etwas Biss haben.

1. Für den Sirup Zucker, Wasser und Zitronensaft in einem Topf auf niedriger Stufe unter Rühren erhitzen, bis der Zucker vollständig aufgelöst ist. 5 Minuten köcheln lassen, bis die Mischung eine sirupartige Konsistenz hat. Das Orangenblütenwasser zugeben und weitere 2 Minuten kochen lassen. Den Sirup dann vollständig abkühlen lassen.

2. Ein Drittel der Mandeln, Nüsse und Pistazien in der Küchenmaschine fein hacken; den Rest grob hacken. Die gehackten Mandeln, Nüsse und Pistazien mit Zucker, Zimt und Muskatnuss in eine Schüssel geben und alles vermengen.

3. Eine Backform von der Größe der Filo-Teigblätter (oder etwas kleiner) einfetten. Den Ofen auf 180 °C vorheizen. Die Teigblätter mit Butter bestreichen und 4 davon auf den Boden der Form legen. Ein Drittel der Nussmischung auf dem Teig verteilen und mit 2 weiteren Teigblättern bedecken. Darauf das zweite Drittel der Nussmischung verteilen. Mit 2 weiteren Teigblättern bedecken. Darauf den Rest der Nussmischung geben und alles mit 4 Filo-Teigschichten bedecken.

4. Die oberste Teigschicht rautenförmig einschneiden. In 30–40 Minuten knusprig und goldgelb backen. Aus dem Ofen nehmen, mit dem Sirup übergießen und abkühlen lassen. Nach dem Abkühlen in Rauten schneiden.

Limetten-Kokos-Pie mit Baiser-Decke

Für 6 Personen **Vorbereitung: 30 Min.** **Garzeit: 40–50 Min.**

Die aromatische Kokosmilch verleiht dem traditionellen Zitronenpie mit Baiser-Decke eine karibische Note.

ZUTATEN

Butter, zum Einfetten
Mehl, zum Bestäuben
1 Rezept Einfacher Mürbeteig (siehe Seite 13)

FÜLLUNG

4 EL Speisestärke
400 ml Kokosmilch aus der Dose
abgeriebene Schale und Saft von 2 Limetten
2 große Eier, getrennt
175 g Zucker
Zeste von 1 Limette, zum Dekorieren

NÄHRWERTANGABEN

Kilokalorien	403
Eiweiß	6 g
Kohlenhydrate	66 g
Zucker	35 g
Fett	15 g
davon gesättigt	7 g

Variation

Geben Sie in Schritt 2 mit dem Zucker auch 1 Teelöffel Kokoslikör in die Füllung.

1

2

3

Tipp

Die Baiser-Masse darf nicht zu lange gebacken werden, da sie ansonsten nicht weich und köstlich, sondern hart und trocken wird.

1 Den Backofen auf 200 °C vorheizen. Eine Obstkuchenform (ca. 22 cm Durchmesser) einfetten. Den Teig auf einer leicht bemehlten Arbeitsfläche ausrollen. Die Form damit auslegen und blindbacken (siehe Seite 13), dann die Ofentemperatur auf 160 °C reduzieren. Ein Backblech in den Ofen schieben.

2 Für die Füllung die Stärke mit etwas Kokosmilch in einem Topf zu einer Paste verarbeiten, dann den Rest der Kokosmilch unterrühren. Langsam unter ständigem Rühren aufkochen und auf mittlerer Stufe unter ständigem Rühren 3 Minuten eindicken lassen. Vom Herd nehmen, Limettenschale und -saft, Eigelb und 50 g des Zuckers zugeben und verrühren. Auf dem Kuchenboden verteilen.

3 Das Eiweiß in einer fettfreien Schüssel sehr steif schlagen, dann portionsweise den restlichen Zucker unterrühren. Die Baiser-Masse über der Füllung verteilen und mit einem Palettmesser kreisförmig verstreichen. Im vorgeheizten Ofen 20 Minuten backen, bis die Oberfläche leicht gebräunt ist. Mit Limettenzeste garnieren und heiß oder kalt servieren.

Himbeer-Eclairs

Ergibt 20 Stück **Vorbereitung: 30 Min.** **Garzeit: 40 Min.**

Eclairs aus Brandteig sind ein köstliches Dessert, schmecken aber auch an einem sommerlichen Nachmittag zu Tee oder Kaffee.

ZUTATEN

BRANDTEIG

5 g Butter
150 ml Wasser
70 g Mehl, gesiebt
2 Eier, verquirlt

FÜLLUNG

325 g Crème double
1 EL Puderzucker
175 g frische Himbeeren

GUSS

115 g Puderzucker
2 TL Zitronensaft
rosa Lebensmittelfarbe (nach Belieben)

NÄHRWERTANGABEN

Kilokalorien	141
Eiweiß	2 g
Kohlenhydrate	10 g
Zucker	8 g
Fett	11 g
davon gesättigt	6 g

Variation

Man kann auch andere frische Sommerfrüchte für diese Eclairs verwenden, z. B. halbierte Erdbeeren.

1

2
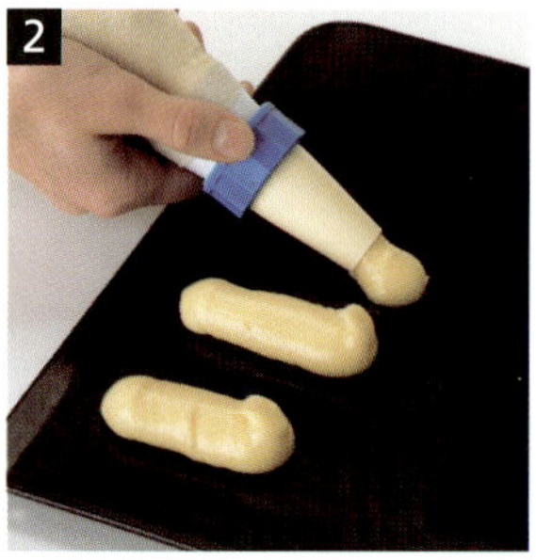

3

Tipp

Der Brandteig kann schon einige Tage im Voraus zubereitet, gespritzt und dann tiefgekühlt werden. Man schiebt ihn dann direkt aus dem Tiefkühlfach in den Ofen und backt ihn 5 Minuten länger.

1 Den Ofen auf 200 °C vorheizen. Für den Brandteig Butter und Wasser in einem großen, schweren Topf aufkochen. Das gesamte Mehl auf einmal zugeben und die Mischung kräftig durchrühren, bis sie sich vom Topfrand löst. Etwas abkühlen lassen, dann die Eier einzeln kräftig unterrühren.

2 Den Teig in einen Spritzbeutel mit Lochtülle (1 cm Durchmesser) geben und 8 Portionen von 7,5 cm Länge auf mehrere angefeuchtete Backbleche spritzen. 30 Minuten im vorgeheizten Ofen knusprig und goldgelb backen, dann aus dem Ofen nehmen und mit einer Messerspitze ein kleines Loch in jede Teigstange stechen, damit der Dampf entweichen kann. Danach für weitere 5 Minuten in den Ofen schieben, um die Stangen gut durchzubacken. Auf Kuchengittern abkühlen lassen.

3 Für die Füllung Crème double und Puderzucker in einer Schüssel schaumig schlagen. Die Stangen längs spalten und mit der süßen Crème double und Himbeeren füllen. Für den Guss den Puderzucker in eine Schüssel sieben und mit dem Zitronensaft und so viel Wasser verrühren, dass sich eine glatte Paste ergibt. Auf Wunsch die Lebensmittelfarbe zugeben. Die Eclairs großzügig mit dem Guss beträufeln und diesen vor dem Servieren fest werden lassen.

Sommerfrüchte-Tartes

Ergibt 12 Stück | **Vorbereitung: 25 Min., plus 30 Min. Kühlzeit** | **Garzeit: 12–18 Min.**

Die kleinen Mandelteig-Tartes mit bunten Sommerfrüchten schmecken ebenso lecker und cremig-frisch wie sie aussehen.

NÄHRWERTANGABEN	
Kilokalorien	280
Eiweiß	4 g
Kohlenhydrate	23 g
Zucker	10 g
Fett	20 g
davon gesättigt	11 g

ZUTATEN

TEIG

200 g Mehl, plus etwas mehr zum Bestäuben
85 g Puderzucker
55 g gemahlene Mandeln
115 g Butter
1 Eigelb
1 EL Milch

FÜLLUNG

225 g Frischkäse
30 g Puderzucker, plus etwas mehr zum Bestäuben
350 g frische Sommerfrüchte, z. B. rote und weiße Johannisbeeren, Blaubeeren, Himbeeren und kleine Erdbeeren

Variation

Die Früchte können auch mit erwärmtem rotem Johannisbeergelee hübsch glasiert werden.

1

2

3

Tipp

Wenn man die Früchte vor Gebrauch wäscht, sollte man sie gut auf Küchenpapier abtropfen lassen, da die Flüssigkeit sonst den Teig aufweicht.

1 Für den Teig Mehl und Puderzucker in eine Schüssel sieben und die gemahlenen Mandeln unterrühren. Die Butter mit den trockenen Zutaten zu einer krümeligen Mischung verreiben. Eigelb und Milch zugeben und mit einem Palettmesser einrühren, dann alles mit den Fingern zu einem Teig verarbeiten. Den Teig in Frischhaltefolie wickeln und für 30 Minuten in den Kühlschrank stellen.

2 Den Ofen auf 200 °C vorheizen. Den Teig auf einer bemehlten Arbeitsfläche ausrollen und 12 tiefe Tortelettförmchen oder kleine Brioche-Formen damit auslegen. Die Böden einstechen. In jedes Törtchen ein Stück Alufolie drücken und den Rand damit abdecken. 10–15 Minuten im vorgeheizten Ofen goldgelb backen. Die Alufolie entfernen und weitere 2–3 Minuten backen. Auf Kuchengitter auskühlen lassen.

3 Für die Füllung Frischkäse und Puderzucker in einer Schüssel vermischen. Einen Löffel der Füllung in jedes Törtchen geben und die Früchte darauf anordnen. Mit Puderzucker bestäuben und sofort servieren.

Birnenstrudel mit Pekannüssen

Für 4 Personen **Vorbereitung: 15 Min.** **Garzeit: 30–35 Min.**

Dieser Strudel aus knusprigem Filo-Teig mit nussiger Birnenfüllung ist schnell gemacht – ein wirklich ungewöhnliches Dessert.

ZUTATEN

2 reife Birnen
55 g Butter, plus etwas mehr, zerlassen, zum Einfetten
55 g Weißbrotkrumen
85 g Pekannüsse, gehackt
25 g Rohzucker
fein abgeriebene Schale von 1 Orange
100 g Filo-Teig
70 g Orangenblüten-Honig
2 EL Orangensaft
Puderzucker, zum Bestäuben
türkischer Joghurt, zum Servieren

NÄHRWERTANGABEN	
Kilokalorien	466
Eiweiß	6 g
Kohlenhydrate	52 g
Zucker	30 g
Fett	28 g
davon gesättigt	9 g

Tipp

Beachten Sie, dass Filo-Teig keinesfalls längere Zeit offen liegen sollte, da er sehr schnell austrocknet.

1 Den Ofen auf 200 °C vorheizen. Die Birnen schälen, entkernen und hacken. 15 g der Butter in einer Bratpfanne auf niedriger Stufe zerlassen. Die Brotkrumen hineingeben, langsam goldgelb braten und dann in eine Schüssel geben. Birnen, Nüsse, Zucker und Orangenschale zugeben. Die restliche Butter in einem kleinen Topf erhitzen.

2 1 Blatt Filo-Teig gut eingewickelt beiseite legen. Die restlichen Blätter jeweils mit etwas zerlassener Butter bestreichen und auf einer sauberen Arbeitsfläche übereinander legen. Die Nussfüllung auf die Filo-Blätter geben, dabei einen 2,5 cm breiten Rand frei lassen. Mit Honig und Orangensaft beträufeln.

3 Die Schmalseiten über die Füllung klappen und den Strudel von einer der Längsseiten her aufrollen. Mit der „Naht" nach oben auf ein Backblech legen. Mit dem Rest der zerlassenen Butter bestreichen. Das beiseite gelegte Blatt Filo-Teig leicht zerknittert um den Strudel wickeln. 25 Minuten im vorgeheizten Ofen goldgelb und knusprig backen. Mit Puderzucker bestäuben und warm mit türkischem Joghurt servieren.

Sizilianische Ricotta-Tarte

Garzeit: 1 Std. 25 Min. – 1 Std. 40 Min. **Vorbereitung: 15 Min.** **Für 6 Personen**

Die Füllung dieser süditalienischen Spezialität enthält außer Ricotta noch Pinienkerne, Orangeat und Zitronat und hat daher einen recht intensiven Geschmack.

NÄHRWERTANGABEN	
Kilokalorien	207
Eiweiß	8 g
Kohlenhydrate	16 g
Zucker	16 g
Fett	13 g
davon gesättigt	4 g

ZUTATEN

Butter, zum Einfetten

Mehl, zum Bestäuben

1 Rezept Süßer Mürbeteig mit Ei (siehe Seite 13)

FÜLLUNG

250 g Ricotta

2 Eier, verquirlt

55 g hellbrauner Zucker

55 g Pinienkerne

55 g Orangeat und Zitronat, gehackt

fein abgeriebene Schale von 1 Zitrone

3 Tropfen Vanillearoma

Puderzucker, zum Bestäuben

1 Den Ofen auf 200 °C vorheizen. Eine Obstkuchenform (ca. 22 cm Durchmesser) einfetten. Den Teig auf einer leicht bemehlten Arbeitsfläche ausrollen. Die Form damit auslegen und blindbacken (siehe Seite 13), dann die Ofentemperatur auf 180 °C reduzieren. Ein Backblech in den Ofen schieben.

2 Für die Füllung den Ricotta durch ein Sieb in eine Schüssel streichen. Eier, Zucker, Pinienkerne, Orangeat, Zitronat, Zitronenschale und Vanillearoma zugeben. Alles gut mischen und auf dem Kuchenboden verteilen.

3 Den Kuchen 45 Minuten backen, bis die Füllung etwas fest geworden ist. Abkühlen lassen, dann mit Puderzucker bestäuben und servieren.

Tipp

Zitronat und Orangeat erhält man meistens gehackt. Wenn erhältlich, sollten Sie aber große Stücke kaufen und diese selbst hacken, da dann der Geschmack intensiver ist.

Schokoladen-Tarte mit Maronen und Ingwer

Für 8 Personen **Vorbereitung: 30 Min., plus 1–2 Std. Kühlzeit** **Garzeit: 45 Min.**

Der in diesem Rezept verwendete Boden aus Kekskrümeln ist genau das Richtige, wenn Sie wenig Zeit haben und keinen aufwändigeren Teig zubereiten möchten.

ZUTATEN

TEIG

85 g Butter
250 g Ingwerkekse, zerstoßen (siehe Tipp)

FÜLLUNG

175 g ungesüßtes Maronenpüree
55 g hellbrauner Zucker
175 g Ricotta
2 Eier
100 g Bitterschokolade, geschmolzen
55 g eingelegter Ingwer, in dünnen Scheibchen
25 g gemahlene Mandeln

ZUM DEKORIEREN

150 g Schlagsahne
Schokoladenlocken

NÄHRWERTANGABEN	
Kilokalorien	509
Eiweiß	8 g
Kohlenhydrate	53 g
Zucker	32 g
Fett	31 g
davon gesättigt	17 g

Variation

Ersetzen Sie die Schokoladendekoration durch eingelegte Ingwerscheibchen, oder bestreuen Sie die Sahne mit gemahlenem Ingwer und gesüßtem Kakaopulver.

Tipp

Für den Kuchenboden kann man auch andere Kekssorten verwenden, z. B. Vollkornkekse. Je fetthaltiger die Kekse sind, desto besser gelingt die Tarte.

1 Den Ofen auf 180 °C vorheizen. Die Butter in einem Topf auf niedriger Stufe vorsichtig zerlassen. Die zerstoßenen Kekse einrühren. Diese krümelige Mischung auf dem Boden und am Rand eines Flan-Rings mit Hebeboden (ca. 24 cm Durchmesser) festdrücken. Im vorgeheizten Ofen 10 Minuten backen, dann abkühlen lassen. Den Ofen eingeschaltet lassen.

2 Für die Füllung Maronenpüree und Zucker in eine Schüssel geben und glatt rühren. Ricotta und Eier in eine zweite Schüssel geben und glatt rühren. Die geschmolzene Schokolade vorsichtig unter die Ricotta-Mischung rühren, dann die Maronenpüree-Mischung zugeben und alles gut vermengen. Ingwer und Mandeln unterrühren.

3 Die Füllung auf dem Tortenboden verteilen. 35 Minuten backen, bis die Füllung beginnt, fest zu werden. Abkühlen lassen, dann für 1–2 Stunden in den Kühlschrank stellen.

4 Die Sahne leicht schlagen. Auf dem Kuchen verstreichen und mit Schokoladenlocken bestreuen.

Ahornsirup-Tartes mit Pekannüssen

Ergibt 14 Stück **Vorbereitung: 20 Min., plus 30 Min. Kühlzeit** **Garzeit: 20–25 Min.**

Ahornsirup und Pekannüsse verleihen der Toffeefüllung dieser Tartes ein köstliches aromatisches Aroma.

ZUTATEN

TEIG

- **140 g Mehl, plus etwas mehr zum Bestäuben**
- **85 g Butter**
- **55 g hellbrauner Zucker**
- **2 Eigelb**

FÜLLUNG

- **2 EL Ahornsirup**
- **150 g Crème double**
- **115 g hellbrauner Zucker**
- **1 Prise Weinstein**
- **75 ml Wasser**
- **115 g Pekannüsse**
- **14 Pekannusshälften, zum Dekorieren**

NÄHRWERTANGABEN	
Kilokalorien	268
Eiweiß	3 g
Kohlenhydrate	23 g
Zucker	15 g
Fett	19 g
davon gesättigt	7 g

Variation

Besonders dekorativ ist es, wenn man den Rand der Tartes nach dem Abkühlen mit aufgespritzter Schlagsahne verziert.

2

3

4

Tipp

Man sollte unbedingt hochwertigen Ahornsirup verwenden, damit sich das Aroma richtig entfalten kann.

1 Das Mehl in eine große Schüssel sieben. Die Butter in Stückchen schneiden und mit den Fingerspitzen in das Mehl reiben, bis sich eine krümelige Mischung ergibt. Erst den Zucker, dann das Eigelb unterrühren, bis ein glatter Teig entsteht. In Frischhaltefolie wickeln und für 30 Minuten in den Kühlschrank stellen.

2 Den Ofen auf 200 °C vorheizen. Den Teig auf einer bemehlten Arbeitsfläche dünn ausrollen. Kreise ausstechen und damit 12 Tortelettförmchen auslegen. Die Böden einstechen und Alufolie in jedes Förmchen drücken. 10–15 Minuten goldgelb backen. Die Alufolie entfernen und weitere 2–3 Minuten backen. Auf Kuchengitter auskühlen lassen.

3 Für die Füllung die Hälfte des Ahornsirups und die Hälfte der Crème double in einer Schüssel mischen. Zucker, Weinstein und Wasser in einem Topf auf niedriger Stufe unter Rühren erhitzen, bis der Zucker aufgelöst ist. Aufkochen und kochen lassen, bis die Mischung goldgelb ist. Vom Herd nehmen und die Ahornsirup-Crème-double-Mischung unterrühren.

4 Wieder auf den Herd stellen und auf 115 °C erhitzen. Die restliche Crème double unterrühren und etwas abkühlen lassen. Mit dem restlichen Sirup die Ränder der Törtchen bestreichen. Die Pekannüsse in die Törtchen geben und die warme Toffeemasse hineingeben. Jeweils mit einer Nusshälfte garnieren. Abkühlen lassen.

Krebs-Ingwer-Taschen

Ergibt 12 Stück **Vorbereitung: 15–20 Min.** **Garzeit: 20–25 Min.**

Diese knusprigen kleinen Krebstaschen können als ungewöhnliche Vorspeise, als Snack oder zum Drink gereicht werden.

ZUTATEN

85 g Butter, zerlassen, plus etwas mehr zum Einfetten
200 g frisches Krebsfleisch oder aus der Dose, abgetropft
6 Frühlingszwiebeln, fein gehackt, plus etwas mehr zum Garnieren
2,5-cm-Stück frische Ingwerwurzel, geschält und gerieben
2 TL Sojasauce
Pfeffer
12 Blätter Filo-Teig

NÄHRWERTANGABEN	
Kilokalorien	105
Eiweiß	4 g
Kohlenhydrate	8 g
Zucker	1 g
Fett	6 g
davon gesättigt	4 g

Tipp

Es empfiehlt sich, statt der weniger aromatischen Dosenware frisches Krebsfleisch zu verwenden.

1 Den Ofen auf 180 °C vorheizen und ein Backblech einfetten. Krebsfleisch, Frühlingszwiebeln, Ingwer und Sojasauce in eine Schüssel geben. Mit Pfeffer würzen, vermengen und beiseite stellen. Ein Teigblatt mit zerlassener Butter bestreichen, längs falten und erneut mit Butter bestreichen; die übrigen Teigblätter mit einem Tuch abdecken.

2 1 Löffel der Krebsmischung in eine Ecke des Filo-Teigstreifens geben. Diesen so über die Füllung falten, dass sie von einem rechtwinkligen Teigdreieck eingeschlossen ist. Das Dreieck auf dieselbe Weise umklappen und so aus dem gesamten Teigstreifen ein dreieckiges Päckchen bilden.

3 Das Päckchen auf das vorbereitete Backblech legen. Mit den übrigen Teigblättern und dem Rest der Krebsmischung ebenso verfahren. Alle Päckchen mit zerlassener Butter bestreichen. 20–25 Minuten im vorgeheizten Ofen knusprig und goldbraun backen. Mit gehackten Frühlingszwiebeln garnieren und warm servieren.

Filo-Quiches mit Avocado-Salsa

Garzeit: 6–8 Min. **Vorbereitung: 20 Min.** **Ergibt 20 Stück**

Aus Filo-Teig lassen sich knusprige kleine Körbchen herstellen, die Sie mit dieser würzigen Avocado-Salsa erst kurz vor dem Servieren füllen sollten.

NÄHRWERTANGABEN	
Kilokalorien	49
Eiweiß	1 g
Kohlenhydrate	3 g
Zucker	1 g
Fett	4 g
davon gesättigt	2 g

ZUTATEN

TEIGKÖRBCHEN

70 g Filo-Teig

3 EL zerlassene Butter, plus etwas mehr zum Einfetten

AVOCADO-SALSA

1 große Avocado

1 kleine rote Zwiebel, fein gehackt

1 frische Chili, entkernt und fein gehackt

2 Tomaten, gehäutet, entkernt und fein gehackt

Saft von 1 Limette

2 EL frisch gehackter Koriander

Salz und Pfeffer

1 Den Ofen auf 180 °C vorheizen. Für die Teigkörbchen immer nur 1 Teigblatt verarbeiten und die übrigen mit einem Tuch abdecken. Die Teigblätter jeweils mit zerlassener Butter bestreichen und mit einem scharfen Messer in kleine Quadrate (5 cm Seitenlänge) schneiden.

2 20 Vertiefungen für Minimuffins einfetten und mit jeweils 3 eingebutterten, versetzt übereinandergelegten Filo-Teigquadraten auslegen. So fortfahren, bis der gesamte Teig verbraucht ist. 6–8 Minuten im vorgeheizten Ofen knusprig und goldgelb backen. Vorsichtig zum Abkühlen auf Kuchengitter legen.

3 Für die Salsa die Avocado schälen und entkernen. Das Fleisch in kleine Würfel schneiden und mit Zwiebel, Chili, Tomaten, Limettensaft und Koriander in eine Schüssel geben. Nach Belieben mit Salz und Pfeffer würzen. Die Salsa auf die Teigkörbchen verteilen und sofort servieren.

Tipp

Die Teigkörbchen können bis zu einer Woche im Voraus zubereitet werden und luftdicht verschlossen gelagert werden. Servieren Sie die Körbchen, sobald sie gefüllt sind, da sie sonst weich werden.

Brandteigkörbchen mit Krabbencocktail

Ergibt 22 Stück **Vorbereitung: 30 Min.** **Garzeit: 35 Min.**

Der Krabbencocktail erlebt eine Renaissance – hier allerdings in neuem Gewand: als Cocktailsnack in kleinen Brandteigkörbchen.

ZUTATEN

BRANDTEIG

55 g Butter, plus etwas mehr zum Einfetten
150 ml Wasser
70 g Mehl, gesiebt
2 Eier, verquirlt

FÜLLUNG

2 EL Mayonnaise
1 TL Tomatenmark
140 g Krabben
1 TL Worcestersauce
Salz
Tabasco-Sauce
einige Blätter Eisberg- oder Römersalat, in Streifen geschnitten
Cayenne-Pfeffer, zum Garnieren

NÄHRWERTANGABEN

Kilokalorien	65
Eiweiß	3 g
Kohlenhydrate	3 g
Zucker	0 g
Fett	5 g
davon gesättigt	2 g

Variation

Zum Garnieren kann man statt des Cayenne-Pfeffers auch rote Paprika verwenden.

1

2

3

Tipp

Die Brandteigkörbchen können bis zu 3 Stunden im Voraus gefüllt und bis zum Verbrauch im Kühlschrank gelagert werden. Vor dem Servieren sollte man sie wieder zimmerwarm werden lassen.

1 Den Ofen auf 180 °C vorheizen und ein Backblech einfetten. Für den Brandteig Butter und Wasser in einem großen, schweren Topf aufkochen. Das gesamte Mehl auf einmal zugeben und kräftig durchrühren, bis sich der Teig vom Topfrand löst. Etwas abkühlen lassen, dann die Eier einzeln kräftig unterrühren. 22 walnussgroße Portionen des Teigs im Abstand von 2 cm mit einem Löffel auf das Backblech setzen. 35 Minuten im vorgeheizten Ofen knusprig und goldgelb backen. Auf Kuchengitter abkühlen lassen, dann jeweils einen 5 mm dicken Deckel abschneiden.

2 Für die Füllung Mayonnaise, Tomatenmark, Krabben und Worcestersauce in eine Schüssel geben. Salz und Tabasco-Sauce zugeben und alles gut vermengen.

3 Einige Salatstreifen auf den Boden eines jeden Körbchens geben und etwas herausragen lassen, dann die Garnelenmischung hineingeben und vor dem Servieren mit etwas Cayenne-Pfeffer bestäuben.

Feta-Oliven-Miniquiches

Ergibt 22 Stück **Vorbereitung: 30 Min.** **Garzeit: 30 Min.**

Diese Miniquiches mit ihrem Belag aus pikantem Schafskäse und fruchtigen Oliven sind ideal für ein Partybuffet.

ZUTATEN

Butter, zum Einfetten
Mehl, zum Bestäuben
1 Rezept Einfacher Mürbeteig (siehe Seite 13)
1 Ei
3 Eigelb
300 g Schlagsahne
Salz und Pfeffer
115 g Feta
6 schwarze Oliven, entsteint und halbiert
12 frische kleine Rosmarinzweige

NÄHRWERTANGABEN	
Kilokalorien	208
Eiweiß	4 g
Kohlenhydrate	8 g
Zucker	1 g
Fett	18 g
davon gesättigt	9 g

1 Den Ofen auf 200 °C vorheizen. 12 einzelne Tortelettförmchen oder eine Muffin-Form mit 12 Vertiefungen einfetten. Den Teig auf einer bemehlten Arbeitsfläche 3 mm dick ausrollen und die Förmchen bzw. Vertiefungen damit auslegen. Die Teigböden jeweils mit einer Gabel einstechen und in jedes Förmchen ein quadratisches Stück Alufolie drücken. 12 Minuten im vorgeheizten Ofen backen, dann die Folie entfernen und weitere 3 Minuten backen.

2 Ei, Eigelb und Sahne in eine Schüssel geben, nach Belieben mit Salz und Pfeffer würzen und gut verrühren.

3 Den Feta auf die Törtchen bröseln. Die Eimischung darauf geben. Dann auf jedes Törtchen eine Olivenhälfte und einen Rosmarinzweig geben. 15 Minuten im vorgeheizten Ofen backen, bis die Füllung fest wird. Warm oder kalt servieren.

Tipp

Da Feta selbst bereits recht salzig ist, sollte beim Würzen der Eimischung in Schritt 2 Salz nur sparsam verwendet werden.

Blätterteigquiches mit Pesto und Ziegenkäse

Garzeit: 10 Min. **Vorbereitung: 15 Min.** **Ergibt 20 Stück**

Bei diesen Quiches bildet der aufgehende Blätterteig im Handumdrehen eine Teighülle für die schmackhafte Füllung.

NÄHRWERTANGABEN	
Kilokalorien	66
Eiweiß	2 g
Kohlenhydrate	4 g
Zucker	1 g
Fett	5 g
davon gesättigt	1 g

ZUTATEN

200 g Blätterteig, Tiefkühlware aufgetaut

Mehl, zum Bestäuben

3 EL Pesto

20 Kirschtomaten, jeweils in 3 Scheiben

115 g Ziegenfrischkäse

Salz und Pfeffer

frische Basilikumzweige, zum Garnieren

1 Den Backofen auf 200 °C vorheizen und ein Backblech leicht bemehlen. Den Teig auf einer bemehlten Arbeitsfläche 3 mm dick ausrollen. Mit einem runden Ausstechförmchen (5 cm Durchmesser) 20 Teigstücke ausstechen und auf dem bemehlten Backblech verteilen.

2 Auf jedem Teigstück etwas Pesto verstreichen, dabei einen Rand frei lassen. Auf den Pesto jeweils 3 Tomatenscheiben legen.

3 Den Ziegenkäse über den Tomaten zerkrümeln. Nach Belieben mit Salz und Pfeffer würzen. 10 Minuten im vorgeheizten Ofen backen, bis der Teig aufgegangen, knusprig und goldgelb ist. Mit Basilikumzweigen garnieren und warm servieren.

Tipp

Die Quiches sind sogar noch schneller fertig, wenn man fertig ausgerollten Blätterteig verwendet, wie er in den meisten Supermärkten erhältlich ist.

Kleingebäck

Kleingebäck ist schnell gemacht, denn die Backzeit ist kürzer als bei größeren Kuchen, und die Zubereitung ist einfach. Wenn Sie bei kleinen, hübsch anzusehenden Kuchen nur an Kindergeburtstage denken, können Sie sich in diesem Kapitel ganz neue Anregungen holen, die Sie sicherlich begeistern werden.

Schon allein der Duft der Lavendelküchlein *(siehe Seite 102) oder der pikanten* Schmetterlingsküchlein mit Zitrone *(siehe Seite 104) könnte Ihre Gäste in Begeisterung versetzen. Einige Backwaren dieses Kapitels – z. B.* Capuccino-Schnitten *(siehe Seite 106),* Walnuss-Zimt-Blondies *(siehe Seite 108) oder der* Gefüllte Streuselkuchen *(siehe Seite 110) – werden in großen, flachen Formen gebacken und vor dem Servieren in Quadrate geschnitten. Sie eignen sich hervorragend für größere Feiern und Partys. Baiser-Gebäck ist zeitlos und immer beliebt. Probieren Sie einmal die wunderbaren* Karamell- *und* Erdbeer-Rosen-Baisers *(siehe Seite 113 und 114). Hier finden Sie ebenfalls traditionelles Teegebäck wie z. B.* Buttermilch-Scones *(siehe Seite 122), die in der Pfanne zubereiteten* Walisischen Küchlein *(siehe Seite 124),* Schottische Pfannkuchen mit Orangenbutter *(siehe Seite 126) – und natürlich Rezepte für leckere Muffins. Herzhafte* Käse-Muffins *(siehe Seite 129) oder* Maismehl-Muffins mit Schinken *(siehe Seite 128) schmecken wunderbar zum Frühstück oder zu einer Suppe.*

Lavendelküchlein

Ergibt 12 Stück | **Vorbereitung: 15 Min., plus 20 Min. Kühlzeit** | **Garzeit: 12–15 Min.**

Lavendel mag zwar eine ungewöhnliche Zutat sein, verleiht diesen kleinen Küchlein aber einen außergewöhnlichen Duft und Geschmack.

ZUTATEN

115 g hellbrauner Zucker
115 g weiche Butter
2 Eier, verquirlt
1 EL Milch
1 TL Lavendelblüten, fein gehackt
3 Tropfen Vanillearoma
175 g Mehl, gesiebt
1¾ TL Backpulver
140 g Puderzucker

ZUM DEKORIEREN

Lavendelblüten
silberne Zuckerperlen

NÄHRWERTANGABEN

Kilokalorien	217
Eiweiß	3 g
Kohlenhydrate	33 g
Zucker	23 g
Fett	9 g
davon gesättigt	6 g

Variation

Geben Sie etwas lila Lebensmittelfarbe an den Guss, um ihm eine zum Lavendel passende zartlila Farbe zu verleihen.

Tipp

Achten Sie darauf, dass die verwendeten Lavendelblüten genießbar sind, d. h. frei von Insektiziden und anderen Chemikalien.

1 Den Ofen auf 200 °C vorheizen. Eine Muffin-Form mit 12 Vertiefungen mit Papiermanschetten auslegen. Zucker und Butter in eine Schüssel geben und schaumig rühren. Die Eier portionsweise unterrühren. Milch, Lavendelblüten und Vanillearoma unterrühren, dann vorsichtig Mehl und Backpulver unterziehen.

2 Den Teig auf die Papiermanschetten verteilen und 12–15 Minuten im Ofen backen, bis er aufgegangen und goldgelb ist. Der Teig sollte zurückfedern, wenn man auf die Oberfläche drückt. Einige Minuten vor Ablauf der Backzeit den Puderzucker in eine Schüssel sieben und mit so viel Wasser verrühren, dass man einen dickflüssigen Zuckerguss erhält.

3 Die fertigen Küchlein auf ein Kuchengitter stellen. Jeweils einen Klecks Zuckerguss darauf geben und zerfließen lassen. Mit Lavendelblüten und Zuckerperlen dekorieren und sofort nach dem Abkühlen servieren.

Schmetterlingsküchlein mit Zitrone

Ergibt 12 Stück **Vorbereitung: 20 Min., plus 30 Min. Kühlzeit** **Garzeit: 15–20 Min.**

Bei diesen Schmetterlingsküchlein denken Sie vielleicht in erster Linie an Kindergeburtstage, aber die hübschen cremigen Köstlichkeiten werden auch Erwachsene begeistern.

ZUTATEN

115 g Mehl
1½ TL Backpulver
115 g weiche Butter
115 g hellbrauner Zucker
2 Eier, verquirlt
fein abgeriebene Schale von ½ Zitrone
2–4 EL Milch
Puderzucker, zum Bestäuben

FÜLLUNG

55 g Butter
115 g Puderzucker
1 EL Zitronensaft

NÄHRWERTANGABEN	
Kilokalorien	227
Eiweiß	2 g
Kohlenhydrate	28 g
Zucker	20 g
Fett	13 g
davon gesättigt	8 g

Variation

Eine besonders hübsche Variante dieser Küchlein erhält man, indem man jedes noch mit einigen Erdbeerscheibchen dekoriert.

1

2

3

Tipp

Wenn Ihre Zeit knapp ist bzw. Sie die Vorbereitungszeit verkürzen möchten, können Sie den Teig statt von Hand auch in der Küchenmaschine zubereiten.

1 Den Ofen auf 190 °C vorheizen. Eine Muffin-Form mit 12 Vertiefungen mit Papiermanschetten auslegen. Mehl und Backpulver in eine Schüssel sieben. Butter, Zucker, Eier, Zitronenschale und ausreichend Milch zugeben, um einen Teig von weicher Konsistenz zu erhalten. Den Teig glatt rühren, auf die Papiermanschetten verteilen und 15–20 Minuten im vorgeheizten Ofen backen, bis er aufgegangen und goldgelb ist. Auf einem Kuchengitter auskühlen lassen.

2 Für die Füllung die Butter in eine Schüssel geben. Den Puderzucker durchsieben und den Zitronensaft zugeben. Glatt und cremig rühren. Von den bereits weitgehend abgekühlten Küchlein jeweils mit einem scharfen Messer einen Deckel abschneiden und diesen halbieren.

3 Etwas Buttercreme auf jedes Küchlein verteilen und die zwei Deckelstücke in Form von Flügeln hineinstecken. Vor dem Servieren mit Puderzucker bestäuben.

Cappuccino-Schnitten

Ergibt 15 Stück | **Vorbereitung: 10 Min., plus 30 Min. Kühlzeit** | **Garzeit: 35–40 Min.**

Diese Cappuccino-Schnitten sind sehr leicht zuzubereiten, da lediglich die Zutaten zusammengegeben, verrührt und gebacken werden müssen. Sie sind ideal für größere Feiern oder Partys.

ZUTATEN

225 g weiche Butter, plus etwas mehr zum Einfetten
225 g Mehl
1¼ TL Backpulver
1 TL Kakaopulver, plus etwas mehr zum Bestäuben
225 g hellbrauner Zucker
4 Eier, verquirlt
3 EL Instantkaffeepulver, in 2 EL heißem Wasser aufgelöst
Kakaopulver, zum Bestäuben

WEISSE SCHOKOLADENGLASUR

115 g weiße Schokolade, zerkleinert
55 g weiche Butter
3 EL Milch
175 g Puderzucker

NÄHRWERTANGABEN

Kilokalorien	357
Eiweiß	4 g
Kohlenhydrate	44 g
Zucker	33 g
Fett	20 g
davon gesättigt	12 g

Variation

Als zusätzliche Dekoration kann man auf jede Schnitte noch eine Schokoladen-Kaffeebohne setzen.

Tipp

Achten Sie beim Schmelzen der Glasur-Zutaten darauf, dass der Boden der Schüssel das siedende Wasser nicht berührt, damit die Schokolade nicht zu heiß und damit unbrauchbar wird.

1 Den Ofen auf 180 °C vorheizen. Eine flache Backform (28 cm × 18 cm) einfetten und mit Backpapier auslegen. Mehl, Backpulver und Kakaopulver in eine Schüssel sieben und Butter, Zucker, Eier und Kaffee zugeben. Zu einem glatten Teig verrühren, in die vorbereitete Form geben und die Oberfläche glatt streichen.

2 35–40 Minuten im vorgeheizten Ofen backen, bis der Teig aufgegangen und fest ist. 10 Minuten in der Form abkühlen lassen, dann auf ein Kuchengitter stürzen und das Backpapier abziehen. Vollständig auskühlen lassen. Für die Glasur Schokolade, Butter und Milch in eine Schüssel geben und auf einen Topf mit siedendem Wasser setzen. Die Schokolade unter Rühren schmelzen.

3 Die Schüssel vom Topf nehmen und den Puderzucker hineinsieben. Glatt rühren, auf dem Teig verstreichen und mit Kakaopulver bestäuben. Dann in Rechtecke schneiden.

Walnuss-Zimt-Blondies

Ergibt 9 Stück **Vorbereitung: 10 Min., plus 30 Min. Kühlzeit** **Garzeit: 25–30 Min.**

Blondies sind einfach Brownies ohne Schokolade, schmecken deswegen aber nicht weniger köstlich.

ZUTATEN

115 g Butter, plus etwas mehr zum Einfetten
225 g Rohzucker
1 Ei
1 Eigelb
140 g Mehl
1½ TL Backpulver
1 TL Zimt
85 g Walnüsse, grob gehackt

NÄHRWERTANGABEN	
Kilokalorien	325
Eiweiß	4 g
Kohlenhydrate	38 g
Zucker	27 g
Fett	18 g
davon gesättigt	8 g

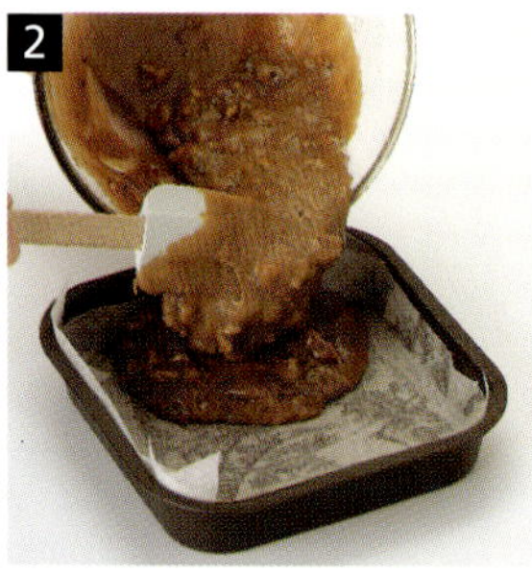

Tipp

Hacken Sie die Walnüsse nicht zu fein, denn die Blondies sollten durchaus etwas fest und knackig sein.

1 Den Ofen auf 180 °C vorheizen. Den Boden einer quadratischen Backform (18 cm Seitenlänge) einfetten und mit Backpapier auslegen. Butter und Zucker in einem Topf auf niedriger Stufe unter Rühren erhitzen, bis der Zucker aufgelöst ist. Unter Rühren 1 weitere Minute erhitzen. Die Mischung kann dabei etwas Bläschen bilden, darf aber nicht kochen. 10 Minuten abkühlen lassen.

2 Ei und Eigelb unterrühren. Mehl, Backpulver und Zimt durchsieben, mit den Nüssen zugeben und alles grob vermengen. Die Mischung in die vorbereitete Form füllen. 20–25 Minuten im vorgeheizten Ofen backen, bis an einem hineingestochenen Stäbchen nichts mehr haften bleibt.

3 Einige Minuten in der Form abkühlen lassen, dann den Kuchenrand mit einem Messer von den Wänden der Form lösen. Auf ein Kuchengitter stürzen und das Backpapier abziehen. Vollständig auskühlen lassen, dann in quadratische Stücke schneiden.

Mokka-Brownies

Garzeit: 30–35 Min.

Vorbereitung: 10 Min., plus 30 Min. Kühlzeit

Ergibt 16 Stück

Mit ihrer raffinierten Mokkanote sind diese Brownies der ideale Leckerbissen zu einer Tasse Kaffee am Nachmittag.

NÄHRWERTANGABEN	
Kilokalorien	160
Eiweiß	2 g
Kohlenhydrate	21 g
Zucker	16 g
Fett	8 g
davon gesättigt	4 g

ZUTATEN

55 g Butter, plus etwas mehr zum Einfetten

115 g Bitterschokolade, zerkleinert

175 g Rohzucker

2 Eier

1 EL Instantkaffeepulver, in 1 EL Wasser aufgelöst und abgekühlt

85 g Mehl

½ TL Backpulver

55 g Pekannüsse, grob gehackt

Tipp

Beim Abkühlen fällt dieser Teig etwas zusammen und wird rissig; das ist völlig normal und verleiht den Brownies ihre leckere, dichte Konsistenz.

1 Den Ofen auf 180 °C vorheizen. Den Boden einer quadratischen Backform (ca. 20 cm Seitenlänge) einfetten und mit Backpapier auslegen. Schokolade und Butter in einem schweren Topf unter Rühren auf sehr niedriger Stufe erwärmen, bis sie geschmolzen sind. Umrühren und abkühlen lassen.

2 Zucker und Eier in einer großen Schüssel schaumig rühren. Schokoladenmischung und abgekühlten Kaffee unterziehen und alles gut mischen. Mehl und Backpulver durchsieben und vorsichtig unterheben. Die Pekannüsse behutsam unterziehen.

3 Den Teig in die vorbereitete Form füllen und 25–30 Minuten im vorgeheizten Ofen backen, bis er fest ist und an einem hineingestochenen Stäbchen nichts mehr haften bleibt.

4 Einige Minuten in der Form abkühlen lassen, dann den Kuchenrand mit einem Messer von den Wänden der Form lösen. Auf ein Kuchengitter stürzen und das Backpapier abziehen. Vollständig auskühlen lassen, dann in quadratische Stücke schneiden.

Gefüllter Streuselkuchen

Ergibt 12 Stück | **Vorbereitung: 20 Min., plus 1 Std. Kühlzeit** | **Garzeit: 32–35 Min.**

Mit Mincemeat, einer Mischung aus eingemachten Trockenfrüchten, kandierter Zitronenschale, Gewürzen, Rindertalg u. a. gehört dieser Kuchen in Großbritannien traditionell zum Weihnachtsfest.

ZUTATEN

400 g Mincemeat (siehe Tipp)
Puderzucker, zum Bestäuben

TEIG

140 g Butter, plus etwas mehr zum Einfetten
85 g hellbrauner Zucker
140 g Mehl
85 g Speisestärke

BELAG

115 g Mehl
1 TL Backpulver
85 g Butter, klein geschnitten
85 g feiner Zucker
25 g Mandelblättchen

NÄHRWERTANGABEN

Kilokalorien	395
Eiweiß	3 g
Kohlenhydrate	59 g
Zucker	36 g
Fett	18 g
davon gesättigt	11 g

Variation

Durch Zugabe von 1 Teelöffel Zimt oder Lebkuchen-Gewürzmischung in die Zutaten des Belags erzielt man noch eine zusätzliche Geschmacksnote.

Tipp

Mincemeat ist hier kaum erhältlich; mischen sie ersatzweise in gleichen Teilen Butter, Korinthen, Sultaninen, klein geschnittene Äpfel, Zucker, Orangeat, Zitronat, und geben Sie etwas Zimt, Muskatnuss und Brandy dazu.

1 Eine flache Backform (28 cm × 20 cm) einfetten. Für den Teig Butter und Zucker in eine Schüssel geben und schaumig schlagen. Mehl und Speisestärke durchsieben und zugeben. Alles mit den Händen vermengen und eine Teigkugel formen. Den Teig in die vorbereitete Form geben und mit den Fingern bis in die Ecken festdrücken. Für 20 Minuten in den Kühlschrank stellen. Den Ofen auf 200 °C vorheizen. Den Teigboden 12–15 Minuten backen, bis er aufgegangen und goldfarben ist.

2 Für den Streuselbelag Mehl, Backpulver, Butter und Zucker in eine Schüssel geben und zu groben Krumen verreiben. Die Mandelblättchen einarbeiten.

3 Das Mincemeat auf dem Boden verstreichen und mit den Streuseln bestreuen. Weitere 20 Minuten im Ofen goldbraun backen. Etwas abkühlen lassen, dann in 12 Stücke schneiden und vollständig auskühlen lassen. Mit Puderzucker bestäuben und servieren.

Kokos-Kirsch-Küchlein

Ergibt 8 Stück

Vorbereitung: 15 Min., plus 20 Min. Kühlzeit

Garzeit: 20–25 Min.

Die Kokosraspel machen diese kleinen Küchlein besonders saftig und aromatisch.

ZUTATEN

115 g weiche Butter

115 g hellbrauner Zucker

2 EL Milch

2 Eier, verquirlt

85 g Mehl

1½ TL Backpulver

85 g Kokosraspel

115 g kandierte Kirschen, geviertelt

NÄHRWERTANGABEN	
Kilokalorien	320
Eiweiß	4 g
Kohlenhydrate	34 g
Zucker	26 g
Fett	20 g
davon gesättigt	14 g

1 Den Ofen auf 180 °C vorheizen. Die Vertiefungen von 1 oder 2 Muffin-Formen mit 8 Papiermanschetten auslegen. Butter und Zucker in eine Schüssel geben und schaumig schlagen, dann die Milch unterrühren.

2 Die Eier portionsweise unterrühren. Mehl und Backpulver durchsieben und zusammen mit den Kokosraspeln unterziehen. Den größten Teil der Kirschen behutsam unterheben. Die Mischung in die Papiermanschetten geben und mit den restlichen Kirschen bestreuen.

3 20–25 Minuten im vorgeheizten Ofen backen, bis der Teig aufgegangen und goldgelb ist und sich bei Berührung fest anfühlt. Auf einem Kuchengitter auskühlen lassen.

Variation

Anstelle der Kirschen kann man auch Korinthen, gehackte getrocknete Aprikosen oder getrocknete Blaubeeren verwenden.

Karamell-Baisers

Garzeit: 2–3 Std.

Vorbereitung: 30 Min., plus 20 Min. Kühlzeit

Ergibt 18 Stück

Der dunkle Rohzucker verleiht diesen Baisers ihr köstlich-kräftiges Karamellaroma.

NÄHRWERTANGABEN	
Kilokalorien	102
Eiweiß	1 g
Kohlenhydrate	11 g
Zucker	11 g
Fett	7 g
davon gesättigt	4 g

ZUTATEN

3 Eiweiß

175 g Rohzucker, gesiebt, plus etwas mehr zum Bestreuen

300 g Schlagsahne

1 Den Ofen auf 110 °C vorheizen. 2 große Backbleche mit Backpapier auslegen. Das Eiweiß in einer großen sauberen, fettfreien Schüssel steif schlagen.

2 Den Zucker langsam löffelweise einrühren. Dabei darauf achten, dass die Mischung nach jeder Zugabe gut durchgerührt wird, damit der Zucker sich auflöst und mit dem Eiweiß verbindet. Dann löffelgroße Portionen der Baiser-Masse auf die Backbleche setzen und jeweils mit etwas Zucker bestreuen.

3 2–3 Stunden im vorgeheizten Ofen backen, bis die Masse trocken ist; nach der Hälfte der Backzeit die Position der Backbleche tauschen. Abkühlen lassen. Die Sahne in eine Schüssel geben und steif schlagen. Je zwei Baisers an den flachen Seiten mit Sahne bestreichen, zusammensetzen und servieren.

Variation

Für Haselnuss-Baisers bestreut man die Baiser-Masse vor dem Backen mit gerösteten gehackten Haselnüssen.

Erdbeer-Rosen-Baisers

Ergibt 12 Stück **Vorbereitung: 30 Min., plus 20 Min. Kühlzeit** **Garzeit: 1 Std.**

Das Rosenwasser verleiht der Sahnefüllung dieser köstlichen Erdbeer-Baisers eine exotische Note.

ZUTATEN

2 Eiweiß

115 g feiner Zucker

FÜLLUNG

55 g Erdbeeren

2 TL Puderzucker

3 EL Rosenwasser

150 g Crème double

ZUM DEKORIEREN

12 Erdbeeren

Rosenblätter

NÄHRWERTANGABEN

Kilokalorien	104
Eiweiß	1 g
Kohlenhydrate	12 g
Zucker	12 g
Fett	6 g
davon gesättigt	4 g

Variation

Sie können die Erdbeeren auch durch Himbeeren ersetzen oder eine Mischung beider Früchte verwenden.

Tipp

Beim Zubereiten der Baiser-Masse sollte sich der unter das Eiweiß geschlagene Zucker ganz allmählich auflösen. Achten Sie vorher darauf, dass die Schüssel sauber ist, da die Baiser-Masse sonst wieder zusammenfällt.

1 Den Ofen auf 110 °C vorheizen. 2 große Backbleche mit Backpapier auslegen. Das Eiweiß in einer großen sauberen, fettfreien Schüssel steif schlagen. Die Hälfte des Zuckers einrühren, dann behutsam den Rest einarbeiten.

2 Die Baiser-Masse in einen Spritzbeutel mit großer, sternförmiger Tülle geben. 24 Portionen der Baiser-Masse von 7,5 cm Länge auf die Backbleche spritzen. 1 Stunde im Ofen backen, bis die Baisers trocken und fest sind. Auf einem Kuchengitter auskühlen lassen.

3 Für die Füllung die Erdbeeren in die Küchenmaschine geben und pürieren. Das Püree durch ein Sieb in eine Schüssel streichen und Puderzucker und Rosenwasser unterrühren. Die Crème double in eine andere Schüssel geben und steif schlagen, dann unter die Erdbeermischung rühren und alles gut vermengen.

4 Je zwei Baisers mithilfe der Erdbeersahne zusammensetzen. Zur Dekoration 6 Erdbeeren halbieren. Die Baisers mit den Erdbeerhälften dekorieren und mit den Rosenblättern bestreuen. Sofort mit den restlichen ganzen Erdbeeren servieren.

Sultaninen-Rockies

Ergibt 10 Stück | **Vorbereitung: 10 Min., plus 30 Min. Kühlzeit** | **Garzeit: 10–15 Min.**

Diese Rockies schmecken zu jedem Anlass, und am besten isst man sie frisch. Sie sind einfach und schnell zuzubereiten.

ZUTATEN

85 g Butter, plus etwas mehr zum Einfetten
250 g Mehl
1½ TL Backpulver
1 TL Lebkuchen-Gewürzmischung
85 g hellbrauner Zucker
55 g kandierte Kirschen, geviertelt
55 g Sultaninen
1 Ei
2 EL Milch
Demerara-Zucker, zum Bestreuen

NÄHRWERTANGABEN

Kilokalorien 224
Eiweiß . . . . .3 g
Kohlenhydrate . . . . .37 g
Zucker . . . . .18 g
Fett . . . . .8 g
davon gesättigt . . . . .5 g

Variation

Für dieses Gebäck kann man alternativ statt der Kirschen und Sultaninen auch gemischtes Backobst verwenden.

1

2

3

Tipp

Versuchen Sie nicht, gleichmäßige Kugeln aus dem Teig zu formen, im Gegenteil, denn die Rockies sollten ihrem Namen entsprechend „felsig" (*rocky*) aussehen.

1 Den Ofen auf 200 °C vorheizen. Ein Backblech einfetten. Mehl, Backpulver und Gewürzmischung in eine Schüssel sieben. Die Butter zugeben und mit den trockenen Zutaten zu einer krümeligen Mischung verreiben. Zucker, Kirschen und Sultaninen unterrühren.

2 Das Ei in eine Schüssel aufschlagen und die Milch unterrühren. Den größten Teil der Eimischung in die trockenen Zutaten gießen. Mit einer Gabel zu einem festen, groben Teig verarbeiten; dabei nötigenfalls den Rest der Eimischung zugeben.

3 Den Teig mithilfe zweier Gabeln in 10 ungleichmäßigen Häufchen auf das vorbereitete Backblech setzen und mit dem Demerara-Zucker bestreuen. 10–15 Minuten im vorgeheizten Ofen backen, bis die Oberfläche der Rockies goldbraun ist. 2 Minuten auf dem Backblech abkühlen lassen, dann auf einem Kuchengitter vollständig auskühlen lassen.

Apfel-Zimt-Muffins

Ergibt 6 Stück **Vorbereitung: 15 Min.** **Garzeit: 20–25 Min.**

Für diese würzigen Muffins benötigt man eigentlich nur Zutaten, die man ohnehin vorrätig hat. Der knusprige Zuckerbelag verleiht ihnen das gewisse Extra.

ZUTATEN

- 85 g Vollkornmehl
- 70 g Mehl
- 1½ TL Backpulver
- 1 Prise Salz
- 1 TL Zimt
- 40 g hellbrauner Zucker
- 2 kleine Speiseäpfel, geschält, entkernt und fein gehackt
- 125 ml Milch
- 1 Ei, verquirlt
- 55 g Butter, zerlassen

BELAG

- 12 Stück brauner Würfelzucker, grob zerstoßen
- ½ TL Zimt

NÄHRWERTANGABEN	
Kilokalorien	250
Eiweiß	5 g
Kohlenhydrate	38 g
Zucker	20 g
Fett	10 g
davon gesättigt	6 g

Variation

Aus dieser Teigmischung lassen sich wahlweise auch 12 kleine Muffins zubereiten.

Tipp

Die Äpfel müssen nach dem Hacken schnell verarbeitet werden, da sich das Fruchtfleisch an der Luft sehr schnell verfärbt.

1. Den Ofen auf 200 °C vorheizen. Die 6 Vertiefungen einer Muffin-Form mit Papiermanschetten auslegen.

2. Vollkornmehl, Mehl, Backpulver, Salz und Zimt in eine große Schüssel sieben. Zucker und gehackte Äpfel unterrühren. Milch, Ei und Butter in eine andere Schüssel geben, mischen und in die Mehlmischung geben. Alles behutsam verrühren, bis die Zutaten grob vermengt sind.

3. Den Teig auf die Papiermanschetten verteilen. Für den Belag grob zerstoßenen Würfelzucker und Zimt vermengen und die Muffins damit bestreuen. 20–25 Minuten im vorgeheizten Ofen backen, bis die Muffins aufgegangen und goldgelb sind. Warm oder kalt servieren.

Schokoladenmuffins

Ergibt 11 Stück **Vorbereitung: 15 Min.** **Garzeit: 20 Min.**

Diese gehaltvollen Muffins mit weißer und dunkler Schokolade sind ein echter Genuss für alle Schokoladenliebhaber.

ZUTATEN

250 g Mehl
25 g Kakaopulver
2 TL Backpulver
½ TL Natron
100 g Zartbitter-Schokolade, gehackt
100 g weiße Schokolade, gehackt
2 Eier, verquirlt
300 g saure Sahne
85 g Rohzucker
85 g Butter, zerlassen

NÄHRWERTANGABEN	
Kilokalorien	340
Eiweiß	6 g
Kohlenhydrate	39 g
Zucker	20 g
Fett	19 g
davon gesättigt	11 g

Tipp

Wie alle Muffins schmeckt auch diese Schokoladen-Köstlichkeit am besten frisch, also am Tag ihrer Zubereitung.

1 Den Ofen auf 200 °C vorheizen. 11 Vertiefungen von 1 oder 2 Muffin-Formen mit Papiermanschetten auslegen. Mehl, Kakaopulver, Backpulver und Natron in eine große Schüssel sieben. Schokoladenstücke zugeben und verrühren.

2 Eier, saure Sahne, Zucker und Butter in eine andere Schüssel geben, vermischen und in die Mehlmischung geben. Alles behutsam verrühren, bis die Zutaten grob vermengt sind.

3 Den Teig mit Hilfe zweier Gabeln auf die Papiermanschetten verteilen und 20 Minuten im vorgeheizten Ofen backen, bis die Muffins aufgegangen sind und sich ihre Oberfläche bei Berührung fest anfühlt. Warm oder kalt servieren.

Zitronen-Ricotta-Pfannkuchen

Garzeit: 20–30 Min. **Vorbereitung: 10 Min.** **Ergibt 15 Stück**

Servieren Sie diese Pfannkuchen einmal zum Frühstück. Sie schmecken natürlich auch als süßes Mittagessen oder Dessert.

NÄHRWERTANGABEN	
Kilokalorien	88
Eiweiß	3 g
Kohlenhydrate	8 g
Zucker	6 g
Fett	5 g
davon gesättigt	3 g

ZUTATEN

250 g Ricotta

5 EL hellbrauner Zucker

3 große Eier, getrennt

fein abgeriebene Schale von 1 Zitrone

2 EL Butter, zerlassen

55 g Mehl

Kirsch- oder Blaubeerkompott, erwärmt, zum Servieren

1 Ricotta, Zucker und Eigelb in eine große Schüssel geben und vermischen. Zitronenschale und zerlassene Butter unterrühren. Das Eiweiß in eine andere saubere Schüssel geben und schlagen, bis sich weiche Spitzen bilden. Den Eischnee behutsam unter die Ricotta-Mischung ziehen.

2 Eine große Pfanne mit Antihaftbeschichtung auf mittlerer Stufe erhitzen. Einige gehäufte Esslöffel des Teigs in ausreichendem Abstand zueinander hineingeben. 1–2 Minuten braten, bis die Unterseite gebräunt ist, dann mit einem Palettmesser wenden und weitere 2 Minuten von der anderen Seite braten.

3 Den fertigen Pfannkuchen zum Warmhalten in ein sauberes Küchentuch wickeln, bis alle Pfannkuchen zubereitet sind. Mit dem warmen Kompott servieren.

Tipp

Verteilen Sie den Teig nicht zu dünn in der Pfanne; die Pfannkuchen sollten einen Durchmesser von ca. 10–13 cm haben.

Buttermilch-Scones

Ergibt 8 Stück **Vorbereitung: 15 Min.** **Garzeit: 12–15 Min.**

Die Buttermilch macht diese Scones schön leicht und verleiht ihnen gleichzeitig ihren unverwechselbaren Geschmack.

ZUTATEN

55 g kalte Butter, klein geschnitten, plus etwas mehr zum Einfetten
300 g Mehl, plus etwas mehr zum Bestäuben
4 TL Backpulver
1 Prise Salz
40 g hellbrauner Zucker
300 ml Buttermilch
2 EL Milch

ZUM SERVIEREN

Schlagsahne
Erdbeerkonfitüre

NÄHRWERTANGABEN

Kilokalorien	210
Eiweiß	5 g
Kohlenhydrate	36 g
Zucker	8 g
Fett	6 g
davon gesättigt	4 g

Variation

Mit Schlagsahne und frischen Erdbeerscheibchen schmecken diese Scones ebenfalls köstlich.

Tipp

Man sollte das Ausstechförmchen leicht bemehlen, um zu verhindern, dass der Teig beim Ausstechen daran haften bleibt.

1 Den Ofen auf 220 °C vorheizen. Ein Backblech einfetten. Mehl, Backpulver und Salz in eine Schüssel sieben. Die Butter zugeben und mit den trockenen Zutaten zu einer feinen, krümeligen Mischung verreiben. Zucker und Buttermilch zugeben und alles rasch vermengen.

2 Die Mischung auf einer bemehlten Arbeitsfläche leicht durchkneten und dann 2,5 cm dick ausrollen. Mit einem einfachen oder gerillten Ausstechförmchen (6 cm Durchmesser) die Scones ausstechen und auf das vorbereitete Backblech legen. Die Teigreste erneut ausrollen und weitere Scones ausstechen, bis der gesamte Teig verbraucht ist.

3 Die Scones mit der Milch bestreichen und 12–15 Minuten im vorgeheizten Ofen backen, bis sie aufgegangen und goldgelb sind. Zum Auskühlen auf ein Kuchengitter legen. Quer durchschneiden und mit Schlagsahne und Erdbeerkonfitüre servieren.

Walisische Küchlein

Ergibt 16 Stück **Vorbereitung: 15 Min.** **Garzeit: 18 Min.**

Für diese kleinen Küchlein muss man nicht einmal den Ofen einschalten. Ursprünglich wurden sie auf einer flachen Backplatte über dem offenen Feuer zubereitet – es geht aber auch in einer schweren Bratpfanne auf der Herdplatte!

ZUTATEN

- **225 g Mehl**
- **2¼ TL Backpulver**
- **1 Prise Salz**
- **55 g Bratfett**
- **55 g Butter, plus etwas mehr zum Einfetten**
- **85 g hellbrauner Zucker**
- **85 g Korinthen**
- **1 Ei, verquirlt**
- **1 EL Milch (nach Belieben)**
- **Zucker, zum Bestreuen**

NÄHRWERTANGABEN

Kilokalorien	143
Eiweiß	2 g
Kohlenhydrate	20 g
Zucker	9 g
Fett	7 g
davon gesättigt	3 g

Variation

Sie können die Korinthen wahlweise auch durch Sultaninen oder gehackte kandierte Kirschen ersetzen.

1

2

3

Tipp

Achten Sie darauf, dass die Pfanne die ganze Zeit über nur mäßig erhitzt wird, damit die Oberfläche der Küchlein nicht anbrennt.

1 Mehl, Backpulver und Salz in eine Schüssel sieben. Bratfett und Butter zugeben und mit den trockenen Zutaten zu einer krümeligen Mischung verreiben. Zucker und Korinthen unterrühren. Das Ei und nötigenfalls etwas Milch zugeben und alles zu einem weichen, aber nicht klebrigen Teig verarbeiten.

2 Den Teig auf einer bemehlten Arbeitsfläche 5 mm dick ausrollen. Mit einem einfachen oder gerillten Ausstechförmchen (6 cm Durchmesser) runde Teigstücke ausstechen. Die Teigreste erneut ausrollen und weitere Küchlein ausstechen, bis der gesamte Teig verbraucht ist.

3 Eine Grillpfanne oder schwere Bratpfanne auf niedriger Stufe erhitzen. Die Küchlein darin von jeder Seite 3 Minuten goldbraun braten. Großzügig mit Zucker bestreuen und warm oder kalt servieren.

Schottische Pfannkuchen mit Orangenbutter

Ergibt 20 Stück **Vorbereitung: 15–20 Min.** **Garzeit: 15–20 Min.**

Diese traditionellen schottischen Pfannkuchen schmecken nicht nur als süßer Nachtisch, sondern auch zu Tee oder Kaffee am Nachmittag.

ZUTATEN

225 g Mehl
4¼ TL Backpulver
1 Prise Salz
25 g hellbrauner Zucker
1 Ei
225 ml Milch
Butter, zum Einfetten

ORANGENBUTTER

175 g Butter
25 g Puderzucker, gesiebt
fein abgeriebene Schale von 1 Orange
2 EL Orangensaft

NÄHRWERTANGABEN

Kilokalorien	124
Eiweiß	2 g
Kohlenhydrate	12 g
Zucker	3 g
Fett	8 g
davon gesättigt	5 g

Variation

Als Alternative zur Orangenbutter kann man zu den Pfannkuchen auch Butter und Konfitüre bzw. Honig reichen.

Tipp

Erhitzen Sie die Backplatte oder Bratpfanne langsam; sie ist heiß genug, wenn etwas probeweise hineingegebener Teig darin zu zischen beginnt.

1 Für die Orangenbutter alle Zutaten in eine Schüssel geben und schaumig rühren. Zum Kühlen in den Kühlschrank stellen und währenddessen die Pfannkuchen zubereiten.

2 Für die Pfannkuchen Mehl, Backpulver und Salz in eine Schüssel sieben. Den Zucker unterrühren und eine Mulde in die Mitte drücken. Ei und Milch in eine andere Schüssel geben, verquirlen und in die Mulde gießen. Das Mehl mit einem Holzlöffel nach und nach mit den flüssigen Zutaten vermengen, dann alles zu einem glatten Teig verarbeiten.

3 Eine Grillpfanne oder schwere Bratpfanne auf mittlerer Stufe erhitzen. Mit einer kleinen Suppenkelle Portionen des Teigs hineingeben und 2–3 Minuten braten, bis sich an der Oberfläche Bläschen bilden und die Unterseite goldgelb ist. Mit einem Palettmesser wenden und 1 weitere Minute braten, bis auch die andere Seite goldgelb ist. In einem sauberen Küchentuch warm halten, bis alle Pfannkuchen zubereitet sind. Mit der Orangenbutter servieren.

Maismehl-Muffins mit Schinken

Ergibt 12 Stück **Vorbereitung: 20 Min.** **Garzeit: 20–25 Min.**

Diese Muffins schmecken zum Frühstück oder als Beilage zu Hühnchen- und Wildgerichten, und zwar am besten ofenwarm.

ZUTATEN

150 g Pancetta
150 g Mehl
1½ EL Backpulver
1 TL Salz
250 g Maismehl
55 g hellbrauner Zucker
100 g Butter, zerlassen
2 Eier, verquirlt
300 ml Milch

NÄHRWERTANGABEN	
Kilokalorien	280
Eiweiß	7 g
Kohlenhydrate	31 g
Zucker	6 g
Fett	15 g
davon gesättigt	7 g

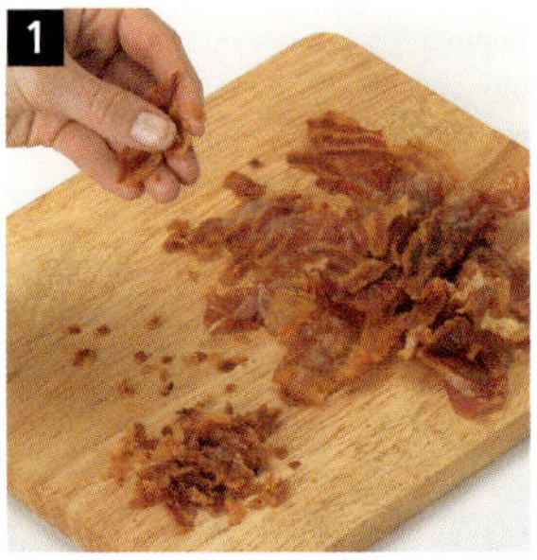

Tipp

Pancetta ist dünn geschnittener italienischer Schinken. Sollte er nicht erhältlich sein, kann man stattdessen auch dünn geschnittenen durchwachsenen Speck verwenden.

1 Den Ofen auf 200 °C vorheizen. Den Backofengrill auf mittlerer Stufe vorheizen. 12 Vertiefungen von 1 oder 2 Muffin-Formen mit Papiermanschetten auslegen. Die Pancetta im vorgeheizten Grill knusprig grillen und zu Stückchen zerkrümeln. Beiseite stellen.

2 Mehl, Backpulver und Salz in eine Schüssel sieben. Maismehl und Zucker unterrühren. Butter, Eier und Milch in eine andere Schüssel geben und verrühren, in die trockenen Zutaten gießen und alles grob vermengen.

3 Die Pancetta unterziehen. Dann den Teig auf die Papiermanschetten verteilen und 20–25 Minuten im vorgeheizten Ofen backen, bis die Muffins aufgegangen und goldgelb sind. Warm oder kalt servieren.

Käse-Muffins

Garzeit: 20–25 Min. **Vorbereitung: 15 Min.** **Ergibt 10 Stück**

Diese herzhaften Muffins sind die ideale Beilage zu einer Suppe, und beide gemeinsam ergeben ein sättigendes Hauptgericht.

NÄHRWERTANGABEN	
Kilokalorien	260
Eiweiß	9 g
Kohlenhydrate	27 g
Zucker	2 g
Fett	13 g
davon gesättigt	7 g

ZUTATEN

115 g Mehl
1 EL plus 1½ TL Backpulver
1 TL Salz
225 g Maismehl
150 g mittelalter Gouda, gerieben
55 g Butter, zerlassen
2 Eier, verquirlt
1 Knoblauchzehe, zerdrückt
300 ml Milch

1 Den Ofen auf 200 °C vorheizen. 10 Vertiefungen von 1 oder 2 Muffin-Formen mit Papiermanschetten auslegen. Mehl, Backpulver und Salz in eine Schüssel sieben, dann das Maismehl und 115 g Käse unterrühren.

2 Zerlassene Butter, Eier, zerdrückten Knoblauch und Milch in eine andere Schüssel geben, in die Mehlmischung gießen und alles behutsam vermengen.

3 Den Teig mit einem Löffel auf die Papiermanschetten verteilen und mit dem restlichen Käse bestreuen. 20–25 Minuten im vorgeheizten Ofen backen, bis die Muffins aufgegangen und goldbraun sind. Warm oder kalt servieren.

Tipp

Maismehl (Polenta) war früher nicht leicht zu finden, ist heute aber in den meisten größeren Supermärkten und Reformhäusern erhältlich.

Käse-Schnittlauch-Scones

Ergibt 8 Stück **Vorbereitung: 15 Min.** **Garzeit: 10 Min.**

Herzhafte Scones sind eine leckere Alternative zu belegtem Brot. Sie passen auch ausgezeichnet zu einer Suppe.

ZUTATEN

40 g Butter, plus etwas mehr zum Einfetten
115 g Mehl, plus etwas mehr zum Bestäuben
115 g Vollkornmehl
3½ TL Backpulver
1 Prise Salz
85 g alter Gouda, fein gerieben
2 EL frischer Schnittlauch, klein geschnitten
3 EL Milch
frischer Schnittlauch, zum Garnieren

NÄHRWERTANGABEN	
Kilokalorien	182
Eiweiß	6 g
Kohlenhydrate	21 g
Zucker	1 g
Fett	9 g
davon gesättigt	5 g

Tipp

Damit die Scones einen kräftigen, ausgewogenen Geschmack erhalten, sollten Sie einen aromatischen alten Gouda wählen.

1 Den Ofen auf 220 °C vorheizen. Ein Backblech einfetten. Mehl, Vollkornmehl, Backpulver und Salz in eine Schüssel sieben. Die Butter mit den trockenen Zutaten zu einer krümeligen Mischung verreiben, dann 55 g geriebenen Käse und den Schnittlauch einarbeiten. Bis zu 1 Esslöffel Milch unterkneten, damit sich ein weicher, leichter Teig ergibt.

2 Den Teig auf einer bemehlten Arbeitsfläche 2 cm dick ausrollen. Mit einem Ausstechförmchen (6 cm Durchmesser) Teigkreise ausstechen. Die Teigreste erneut ausrollen und weitere Scones ausstechen, bis der gesamte Teig verbraucht ist.

3 Die Scones auf das vorbereitete Backblech legen, an der Oberseite mit der restlichen Milch bestreichen und mit dem restlichen geriebenen Käse bestreuen. 10 Minuten im vorgeheizten Ofen backen, bis der Teig aufgegangen und goldgelb ist. Mit frischem Schnittlauch garnieren und warm oder kalt servieren.

Blini

Garzeit: 20 Min.

Vorbereitung: 20 Min., plus 1 Std. Ruhezeit

Ergibt 8 Stück

Blini sind russische Hefepfannkuchen, die man mit Buchweizenmehl zubereitet – das macht ihre besondere Note aus.

NÄHRWERTANGABEN	
Kilokalorien	170
Eiweiß	6 g
Kohlenhydrate	25 g
Zucker	3 g
Fett	6 g
davon gesättigt	2 g

ZUTATEN

115 g Buchweizenmehl
115 g Mehl (Type 550)
7 g Trockenhefe
1 TL Salz
375 ml lauwarme Milch
2 Eier, davon 1 getrennt
Pflanzenöl, zum Einfetten

ZUM SERVIEREN

saure Sahne
Räucherlachs

1 Buchweizenmehl und Mehl in eine Schüssel sieben. Hefe und Salz unterrühren. Milch, das ungetrennte Ei und das Eigelb zugeben und alles glatt rühren. Die Schüssel abdecken und für 1 Stunde an einen warmen Ort stellen.

2 Das Eiweiß in eine saubere Schüssel geben und schlagen, bis sich weiche Spitzen bilden; dann unter den Teig ziehen. Eine schwere Bratpfanne mit Pflanzenöl ausstreichen und auf mittlerer Stufe erhitzen. Wenn die Pfanne heiß ist, so viel Teig hineingießen, dass man ein Pfannküchlein von der Größe einer Untertasse erhält.

3 Wenn sich Bläschen an der Oberfläche bilden, das Pfannküchlein mit einem Palettmesser wenden und weiterbraten, bis auch die andere Seite hellbraun ist. Zum Warmhalten in ein sauberes Küchentuch wickeln, während die restlichen Blini zubereitet werden. Warm mit saurer Sahne und Räucherlachs servieren.

Variation

Falls Buchweizenmehl nicht erhältlich sein sollte, kann stattdessen Weizenmehl (Type 550) verwendet werden.

Kuchen & Torten

Kennen Sie jemanden, der keinen selbst gebackenen Kuchen mag? Vermutlich nicht. Und es ist nicht einmal schwierig, einen Kuchen zu backen, der zum Mittelpunkt der Kaffeetafel wird! Die Kuchen und Torten in diesem Kapitel sind eher schlicht und kommen ohne kunstvolle Dekorationen aus – meist haben Sie nur einfache Glasuren oder einen bunten Obstbelag.

Die Vielfalt der hier vorgestellten Kuchen und Torten ist groß und reicht vom Kirsch-Mandel-Kuchen *(siehe Seite 136) oder* Karottenkuchen *(siehe Seite 146) bis zum sündhaft gehaltvollen* Mississippi Mud Cake *(siehe Seite 149). Sie finden hier auch Gewürzkuchen wie z. B.* Ingwerkuchen *(siehe Seite 134) und* Honig-Gewürzkuchen *(siehe Seite 141), die die ganze Küche mit ihrem Duft erfüllen, aber auch saftige Dessertkuchen mit Früchten. Wer könnte schon einem* Blaubeer-Zitronenkuchen *(siehe Seite 144), einem* Angel Cake mit Passionsfrucht-Guss *(siehe Seite 150) oder einem* Zimtkuchen mit Birnen *(siehe Seite 140) widerstehen? Auch einige Klassiker sind hier vertreten, so z. B. ein gehaltvoll-fruchtiger* Weihnachtskuchen *(siehe Seite 142).*

Einige Kuchen schmecken am besten, solange sie frisch sind; andere, wie der Kirsch-Mandel-Kuchen, halten sich einige Tage. Der Ingwerkuchen gewinnt sogar noch, wenn man ihn erst ein oder zwei Tage nach dem Backen serviert – versuchen Sie also, ihm länger als nur ein paar Stunden zu widerstehen!

Ingwerkuchen

Für 12 Personen **Vorbereitung: 20 Min., plus 1 Std. Kühlzeit** **Garzeit: 45–50 Min.**

Gemahlener Ingwer, eingelegter Ingwer und Ingwersirup verleihen diesem Kuchen eine ganz besondere Note.

ZUTATEN

115 g Butter, plus etwas mehr zum Einfetten
225 g Mehl
2¼ TL Backpulver
1 EL gemahlener Ingwer
1 TL Zimt
½ TL Natron
115 g Rohzucker
abgeriebene Schale von ½ Zitrone
2 Eier
1½ EL Zuckersirup
1½ EL Milch

BELAG

6 Stücke in Sirup eingelegter Ingwer, plus 4 EL des Sirups
115 g Puderzucker
Zitronensaft

NÄHRWERTANGABEN

Kilokalorien	243
Eiweiß	3 g
Kohlenhydrate	40 g
Zucker	25 g
Fett	9 g
davon gesättigt	6 g

Variation

Anstatt mit eingelegten Ingwerstücken kann man den Kuchen auch mit einer dünn mit Zimt bestreuten Zuckerglasur dekorieren.

1

2

3

Tipp

Dieser Kuchen schmeckt noch besser, wenn man ihn vor dem Verzehr einen Tag lang in einem luftdichten Behälter lagert, damit sich der Ingwergeschmack voll entfalten kann.

1 Den Ofen auf 160 °C vorheizen. Den Boden einer quadratischen Backform (18 cm Seitenlänge) einfetten und mit Backpapier auslegen. Mehl, Backpulver, gemahlenen Ingwer, Zimt und Natron in eine Schüssel sieben. Die Butter in die trockenen Zutaten reiben, dann Zucker und Zitronenschale unterrühren. Eine Mulde in die Mitte drücken. Eier, Sirup und Milch in eine andere Schüssel geben, verquirlen und in die trockenen Zutaten gießen. Alles mischen und glatt rühren.

2 Den Teig in die vorbereitete Form geben und 45–50 Minuten im vorgeheizten Ofen backen, bis der Kuchen aufgegangen ist und sich seine Oberfläche bei Berührung fest anfühlt. 30 Minuten in der Form abkühlen lassen, dann auf ein Kuchengitter stürzen, das Backpapier abziehen und vollständig auskühlen lassen.

3 Für den Belag die Ingwerstücke vierteln und auf dem Kuchen verteilen. Den Puderzucker in eine Schüssel sieben. Den Ingwersirup und so viel Zitronensaft unterrühren, dass man einen glatten Guss erhält. Diesen in einen Plastikbeutel füllen und ein winziges Loch in eine Ecke schneiden. Den Guss in feinem Muster auf der Kuchenoberfläche verteilen und fest werden lassen, dann den Kuchen in Quadrate schneiden und servieren.

Kirsch-Mandel-Kuchen

Für 8 Personen

Vorbereitung: 15 Min., plus 30 Min. Kühlzeit

Garzeit: 1 Std. 30 Min. – 1 Std. 45 Min.

Dieser Kuchen wird durch die Kombination von Kirschen und Mandeln so richtig saftig und gehaltvoll. Ihre Gäste werden begeistert sein.

ZUTATEN

175 g weiche Butter, plus etwas mehr zum Einfetten
225 g kandierte Kirschen
175 g hellbrauner Zucker
3 Eier
55 g gemahlene Mandeln
225 g Mehl
1½ TL Backpulver
50 g Mandelblättchen

NÄHRWERTANGABEN	
Kilokalorien	518
Eiweiß	8 g
Kohlenhydrate	65 g
Zucker	43 g
Fett	27 g
davon gesättigt	13 g

Variation

Bei diesem Kuchen können Sie die kandierten Kirschen wahlweise auch durch gehackte getrocknete Aprikosen ersetzen.

Tipp

Wenn man die kandierten Kirschen wie in diesem Rezept vor Gebrauch abspült und trocknet, sinken sie nicht so leicht auf den Boden des Teigs ab.

1. Den Ofen auf 160 °C vorheizen. Den Boden einer tiefen, quadratischen Backform (18 cm Seitenlänge) einfetten und mit Backpapier auslegen. Die Kirschen halbieren, in ein Sieb geben und abspülen, um den Sirup zu entfernen. Mit Küchenpapier trockentupfen und beiseite stellen.

2. Butter, Zucker, Eier und gemahlene Mandeln in eine Schüssel geben. Mehl und Backpulver durchsieben und zugeben. Alle Zutaten glatt rühren, dann die Kirschen unterrühren. Den Teig in die vorbereitete Form geben und die Oberfläche glatt streichen.

3. Den Kuchen mit den Mandelblättchen bestreuen und 1½–1¾ Stunden im vorgeheizten Ofen backen, bis er aufgegangen ist und an einem hineingestochenen Stäbchen nichts mehr haften bleibt. 10 Minuten in der Form abkühlen lassen, dann auf ein Kuchengitter stürzen, das Backpapier abziehen und auskühlen lassen.

Karibische Kokostorte

Für 8 Personen | **Vorbereitung: 20 Min., plus 30 Min. Kühlzeit** | **Garzeit: 25 Min.**

Kokosraspel und Kokoscreme machen diese Torte gehaltvoll und lecker und passen wunderbar zur Ananaskonfitüre.

ZUTATEN

280 g weiche Butter, plus etwas mehr zum Einfetten
175 g hellbrauner Zucker
3 Eier
175 g Mehl
2¼ TL Backpulver
½ TL Muskatnuss, frisch gerieben
55 g Kokosraspel
5 EL Kokoscreme, in etwas Wasser aufgelöst
280 g Puderzucker
5 EL Ananaskonfitüre
geröstete Kokosraspel, zum Dekorieren

NÄHRWERTANGABEN	
Kilokalorien	694
Eiweiß	6 g
Kohlenhydrate	84 g
Zucker	68 g
Fett	40 g
davon gesättigt	27 g

Tipp

Kokoscreme wird in kleinen Verpackungen verkauft; was nach Zubereitung des Teigs übrig bleibt, kann für Saucen, Suppen, Curries oder anstelle von Sahne zum Verfeinern von Obst verwendet werden.

1 Den Ofen auf 180 °C vorheizen. Die Böden zweier runder Backformen (20 cm Durchmesser) einfetten und mit Backpapier auslegen. 175 g Butter in eine Schüssel geben. Zucker und Eier zugeben. Mehl, Backpulver und Muskatnuss durchsieben und zugeben. Glatt rühren, dann die Kokosraspel und 2 Esslöffel der Kokoscreme unterrühren.

2 Die Mischung auf die vorbereiteten Formen verteilen und an der Oberfläche glatt streichen. 25 Minuten im vorgeheizten Ofen backen, bis die beiden Böden goldgelb sind und sich ihre Oberfläche fest anfühlt. 5 Minuten in der Form abkühlen lassen, dann auf ein Kuchengitter stürzen, das Backpapier abziehen und vollständig auskühlen lassen.

3 Den Puderzucker in eine Schüssel sieben. Restliche Butter und Kokoscreme zugeben und alles glatt rühren. Die Ananaskonfitüre auf einem der Böden verstreichen und etwas weniger als die Hälfte der Buttercreme darauf verteilen. Den zweiten Boden darauf legen. Die restliche Buttercreme darauf verstreichen und mit gerösteten Kokosraspeln bestreuen.

Madeirakuchen mit kandierten Früchten

Garzeit: 1 Std. 15 Min. – 1 Std. 30 Min.

Vorbereitung: 25 Min., plus 30 Min. Kühlzeit

Für 8 Personen

Ein klassischer Madeirakuchen mit einem ungewöhnlichen Belag: Er besteht aus kunterbunten kandierten Früchten. Zu diesem Kuchen trinkt man traditionell ein Glas Madeira.

NÄHRWERTANGABEN	
Kilokalorien	570
Eiweiß	7 g
Kohlenhydrate	81 g
Zucker	55 g
Fett	27 g
davon gesättigt	16 g

ZUTATEN

225 g weiche Butter, plus etwas mehr zum Einfetten
225 g hellbrauner Zucker
fein abgeriebene Schale von 1 Zitrone
4 Eier, verquirlt
280 g Mehl, gesiebt
2¾ TL Backpulver
2–3 EL Milch

BELAG

2½ EL flüssiger Honig
225 g kandierte Früchte

1 Den Ofen auf 160 °C vorheizen. Den Boden einer tiefen, runden Springform (18 cm Durchmesser) einfetten und mit Backpapier auslegen. Butter, Zucker und Zitronenschale in eine Schüssel geben und schaumig rühren. Die Eier portionsweise unterrühren. Abwechselnd das Mehl mit Backpulver und so viel Milch unterziehen, dass es eine weiche Mischung ergibt.

2 Den Teig in die vorbereitete Form geben und 1¼–1½ Stunden im vorgeheizten Ofen backen, bis der Kuchen aufgegangen und goldfarben ist und an einem hineingestochenen Stäbchen nichts mehr haften bleibt.

3 10 Minuten in der Form abkühlen lassen, dann auf ein Kuchengitter stürzen, das Backpapier abziehen und vollständig auskühlen lassen. Für den Belag die Kuchenoberfläche mit dem Honig bestreichen und die Früchte darauf verteilen.

Variation

Nach dem traditionellen Rezept wird ein Madeirakuchen nur mit einer Scheibe Zitronat dekoriert, die man nach 1 Stunde Backzeit auf den Kuchen legt.

Zimtkuchen mit Birnen

Für 8 Personen **Vorbereitung: 20 Min., plus 30 Min. Kühlzeit** **Garzeit: 50–55 Min.**

Schon der Duft beim Backen ist köstlich und weckt die Vorfreude auf den fertigen Kuchen.

ZUTATEN

3–4 feste Birnen (je nach Größe)
1 Vanilleschote
200 g Butter, zerlassen und abgekühlt, plus etwas mehr zum Einfetten
275 g hellbrauner Zucker
2 große Eier
250 g Mehl
1 EL Zimt
½ TL Natron
4 EL Puderzucker

NÄHRWERTANGABEN	
Kilokalorien	508
Eiweiß	5 g
Kohlenhydrate	76 g
Zucker	52 g
Fett	23 g
davon gesättigt	14 g

Variation

Anstelle frischer Birnen kann man fast ebenso gut Birnen aus der Dose verwenden.

1 Die Birnen schälen, vierteln, entkernen und fein würfeln. In einen Topf geben und mit Wasser bedecken. Die Vanilleschote längs aufschneiden, um das Mark freizulegen, und zugeben. Aufkochen, die Hitze reduzieren und leise köcheln lassen, bis die Birnen weich sind. Vom Herd nehmen und abkühlen lassen. Den Ofen auf 180 °C vorheizen. Den Boden einer Springform (18 cm Durchmesser) gut einfetten und mit Backpapier auslegen. Die Birnen abtropfen lassen und mit Küchenpapier trockentupfen; den Kochsud aufbewahren.

2 Vanillemark ausschaben, zusammen mit Zucker, Butter und Eiern in eine Schüssel geben und verschlagen. Mehl, Zimt und Natron in eine andere Schüssel sieben. Die Mehlmischung portionsweise unter die Zucker-Ei-Mischung ziehen, dann die Birnenwürfel unterheben.

3 Den Teig in die vorbereitete Form füllen und 50–55 Minuten backen, bis an einem hineingestochenen Stäbchen nichts mehr haften bleibt. 20 Minuten in der Form abkühlen lassen, auf ein Kuchengitter stürzen, das Backpapier abziehen und auskühlen lassen.

4 Den Puderzucker in eine Schüssel sieben und so viel von dem aufbewahrten Kochsud unterrühren, dass sich ein dickflüssiger Guss ergibt. Diesen über den Kuchen träufeln und vor dem Servieren fest werden lassen.

Honig-Gewürzkuchen

Garzeit: 40–50 Min.

Vorbereitung: 15 Min., plus 30 Min. Kühlzeit

Für 8 Personen

Dieser Kuchen wird noch besser, wenn man ihm einen Tag Zeit lässt, sein Aroma zu entfalten.

NÄHRWERTANGABEN	
Kilokalorien	534
Eiweiß	4 g
Kohlenhydrate	97 g
Zucker	78 g
Fett	17 g
davon gesättigt	11 g

ZUTATEN

150 g Butter, plus etwas mehr zum Einfetten
115 g Rohzucker
175 g flüssiger Honig
1 EL Wasser
200 g Mehl
2 TL Backpulver
½ TL gemahlener Ingwer
½ TL Zimt
½ TL Kreuzkümmelsamen
Samen aus 8 Kardamomkapseln, gemahlen
2 Eier, verquirlt
350 g Puderzucker

Tipp

Wählen Sie einen Honig mit ausgeprägtem Eigengeschmack, der nicht völlig von den Gewürzaromen verdeckt wird.

1 Den Ofen auf 180 °C vorheizen. Eine Obstkuchenform (ca. 22 cm Durchmesser) einfetten. Butter, Zucker, Honig und Wasser in einen schweren Topf geben. Auf niedriger Stufe unter Rühren erhitzen, bis die Butter geschmolzen und der Zucker aufgelöst ist. Vom Herd nehmen und 10 Minuten abkühlen lassen.

2 Das Mehl in eine Schüssel sieben und mit Backpulver, Ingwer, Zimt, Kümmelsamen und Kardamom vermengen. Eine Mulde in die Mitte drücken. Die Honigmischung und die Eier hineingeben und alles glatt rühren. Den Teig in die vorbereitete Form gießen und 40–50 Minuten im vorgeheizten Ofen backen, bis der Kuchen aufgegangen ist und an einem hineingestochenen Stäbchen nichts mehr haften bleibt. 5 Minuten in der Form abkühlen lassen, dann auf ein Kuchengitter stürzen und auskühlen lassen.

3 Den Puderzucker in eine Schüssel gießen. Mit ausreichend Wasser zu einem glatten, flüssigen Zuckerguss verrühren. Diesen auf den Kuchen verteilen – er darf an den Seiten herunterlaufen – und fest werden lassen.

Weihnachtskuchen

Für 4 Personen

Vorbereitung: 15 Min., plus 20 Min. Kühlzeit

Garzeit: 3 Std. 10 Min. – 3 Std. 40 Min.

Ein Weihnachtskuchen, der ganz einfach zuzubereiten ist, da die Zutaten nur verrührt werden. Wenn man die Früchtemischung vorab kocht, wird der Kuchen besonders saftig und aromatisch.

ZUTATEN

- **250 g Butter, klein geschnitten, plus etwas mehr zum Einfetten**
- **300 g Rohzucker**
- **2 EL dunkler Sirup**
- **1,5 kg gemischtes Backobst**
- **fein abgeriebene Schale und Saft von 1 Orange**
- **90 ml Weinbrand**
- **5 Eier, verquirlt**
- **175 g gemischte Nüsse, grob gehackt**
- **55 g gemahlene Mandeln**
- **325 g Mehl**
- **½ TL Backpulver**
- **1 EL Lebkuchen-Gewürzmischung**

NÄHRWERTANGABEN

Kilokalorien	330
Eiweiß	5 g
Kohlenhydrate	52 g
Zucker	44 g
Fett	12 g
davon gesättigt	5 g

Variation

Wenn Sie diesem Früchtekuchen eine etwas andere Geschmacksnote verleihen möchten, können Sie den Weinbrand auch durch Rum ersetzen.

1

2

3

Tipp

Den Kuchen mit Marzipan und Zuckerguss überziehen. Alternativ dazu kann man ihn einfach nur mit Nüssen und Backobst belegen.

1 Butter, Zucker, Sirup, Backobst, Orangenschale und -saft sowie Weinbrand in einen großen Topf geben. Langsam aufkochen, dann die Hitze reduzieren und 10 Minuten unter gelegentlichem Rühren leise köcheln lassen. Vom Herd nehmen und abkühlen lassen.

2 Den Ofen auf 150 °C vorheizen. Den Boden einer tiefen, runden Backform (ca. 20 cm Durchmesser) einfetten und mit Backpapier auslegen. Die Außenwand der Form zweilagig mit Backpapier umwickeln. Eier, Nüsse und gemahlene Mandeln unter die abgekühlte Früchtemischung rühren und alles gut vermengen. Mehl, Backpulver und Gewürzmischung durchsieben, zugeben und behutsam, aber gründlich unterrühren. Den Teig in die vorbereitete Form geben und die Oberfläche glatt streichen.

3 1 Stunde im vorgeheizten Ofen backen, dann die Ofentemperatur auf 140 °C reduzieren und 2–2½ Stunden backen bzw. bis an einem hineingestochenen Stäbchen nichts mehr haften bleibt. In der Form abkühlen lassen, dann stürzen. Vor dem Dekorieren in Backpapier und Folie eingewickelt lagern.

Blaubeer-Zitronenkuchen

Für 12 Personen | **Vorbereitung: 20 Min., plus 30 Min. Kühlzeit** | **Garzeit: 1 Std.**

Der Überzug aus Zitronensirup verleiht diesem Kuchen ein wunderbar frisches und würziges Aroma, das ausgezeichnet zu den Blaubeeren passt.

ZUTATEN

225 g weiche Butter, plus etwas mehr zum Einfetten
225 g hellbrauner Zucker
4 Eier, verquirlt
250 g Mehl, gesiebt
fein abgeriebene Schale und Saft von 1 Zitrone
2½ TL Backpulver
25 g gemahlene Mandeln
200 g frische Blaubeeren

ÜBERZUG

Saft von 2 Zitronen
115 g hellbrauner Zucker

NÄHRWERTANGABEN

Kilokalorien	364
Eiweiß	5 g
Kohlenhydrate	47 g
Zucker	31 g
Fett	19 g
davon gesättigt	11 g

1

2

3

Tipp

Wenn man eine Zitrone einige Sekunden lang auf hoher Stufe in der Mikrowelle erhitzt, erhält man beim Auspressen mehr Saft.

1 Den Ofen auf 180 °C vorheizen. Den Boden einer quadratischen Backform (20 cm Seitenlänge) einfetten und mit Backpapier auslegen. Butter und Zucker in eine Schüssel geben und schaumig rühren. Die Eier portionsweise unterrühren; dabei zuletzt auch etwas Mehl zugeben, damit die Mischung nicht gerinnt. Die Zitronenschale unterrühren, dann das restliche Mehl, das Backpulver und die gemahlenen Mandeln mit so viel Zitronensaft unterziehen, dass sich eine weich vom Löffel fallende Masse ergibt.

2 Drei Viertel der Blaubeeren unterheben und die Mischung in die vorbereitete Form geben. Die Oberfläche glatt streichen und mit den restlichen Blaubeeren bestreuen. 1 Stunde im vorgeheizten Ofen backen, bis sich die Oberfläche des Kuchens bei Berührung fest anfühlt und an einem hineingestochenen Stäbchen nichts mehr haften bleibt.

3 Für den Überzug Zitronensaft und Zucker in einer Schüssel gut verrühren. Sobald der Kuchen aus dem Ofen kommt, sticht man die Oberfläche überall mit einem dünnen Spieß ein und übergießt sie mit der Zitronenmischung. In der Form vollständig auskühlen lassen, dann in 12 Quadrate schneiden und servieren.

Süßer Dattelkuchen

Garzeit: 1 Std. 10 Min. – 1 Std. 25 Min.

Vorbereitung: 20 Min., plus 30 Min. Kühlzeit

Für 8 Personen

Der süße Überzug macht diesen Kuchen erst richtig perfekt. Servieren Sie ihn doch einmal zum Dessert!

NÄHRWERTANGABEN	
Kilokalorien	534
Eiweiß	6 g
Kohlenhydrate	75 g
Zucker	54 g
Fett	25 g
davon gesättigt	16 g

ZUTATEN

225 g Datteln, entsteint und gehackt
300 ml kochendes Wasser
115 g weiche Butter, plus etwas mehr zum Einfetten
175 g hellbrauner Zucker
3 Eier, verquirlt
225 g Mehl, gesiebt
2 ¼ TL Backpulver
½ TL Zimt
1 TL Natron

ÜBERZUG

85 g Rohzucker
55 g Butter
3 EL Crème double

1

2

2

Tipp

Wenn man Datteln einige Minuten in kochendem Wasser einweicht, werden sie wieder saftig und erhalten eine köstliche, leicht zähe Konsistenz, die für Kuchen und Desserts genau richtig ist.

1 Die Datteln in eine Schüssel geben und mit kochendem Wasser bedecken. Den Ofen auf 180 °C vorheizen. Eine Springform (24 cm Durchmesser) einfetten. Butter und Zucker in eine Schüssel geben und schaumig rühren. Die Eier portionsweise unterrühren, dann Mehl, Backpulver und Zimt unterziehen.

2 Das Natron in das Wasser mit den Datteln geben, dann das Wasser mit den Datteln in die Teigmischung gießen und unterrühren, bis alles gut vermengt ist. In die vorbereitete Form gießen und 1–1¼ Stunden im vorgeheizten Ofen backen, bis der Kuchen aufgegangen ist und sich seine Oberfläche bei Berührung fest anfühlt.

3 Den Grill auf mittlerer Stufe vorheizen. Für den Überzug Zucker, Butter und Crème double in einen Topf geben. Auf niedriger Stufe unter Rühren erhitzen, bis der Zucker geschmolzen ist, dann aufkochen und 3 Minuten köcheln lassen. Den Kuchen damit übergießen und unter den vorgeheizten Grill stellen, bis der Überzug Bläschen bildet.

In der Form abkühlen lassen, bis der Überzug fest geworden ist, dann auf ein Kuchengitter stellen und vor dem Servieren vollständig auskühlen lassen.

Karottenkuchen

Für 8 Personen **Vorbereitung: 15 Min., plus 20 Min. Kühl-/Ruhezeit** **Garzeit: 1 Std. 5 Min.**

Die Karotten machen diesen Kuchen erstaunlich leicht und bekömmlich – und sie verleihen ihm seine appetitliche Farbe.

ZUTATEN

- **Butter, zum Einfetten**
- **175 g Rohzucker**
- **3 Eier**
- **175 ml Sonnenblumenöl**
- **175 g Karotten, grob gerieben**
- **2 reife Bananen, zerdrückt**
- **55 g Walnüsse, gehackt**
- **280 g Mehl**
- **½ TL Salz**
- **1 TL Natron**
- **2 TL Backpulver**

GLASUR

- **200 g Frischkäse**
- **3 Tropfen Vanillearoma**
- **115 g Puderzucker**
- **25 g Walnüsse, gehackt**

NÄHRWERTANGABEN

Kilokalorien	650
Eiweiß	9 g
Kohlenhydrate	73 g
Zucker	46 g
Fett	38 g
davon gesättigt	11 g

Variation

Man kann diesen Kuchen auch in einer rechteckigen Form backen und dann in Quadrate schneiden.

Tipp

Je gröber man die Karotten reibt, desto mehr Konsistenz erhält der fertige Kuchen. Soll er weicher werden, muss man die Karotten nur etwas feiner reiben.

1. Den Ofen auf 180 °C vorheizen. Den Boden einer Springform (24 cm Durchmesser) einfetten und mit Backpapier auslegen. Zucker, Eier, Sonnenblumenöl, Karotten, Bananen und Walnüsse in eine Schüssel geben. Mehl, Salz, Natron und Backpulver durchsieben und zugeben. Alle Zutaten glatt rühren.

2. Den Teig in die vorbereitete Form füllen und 1 Stunde 5 Minuten backen, bis der Kuchen aufgegangen und goldbraun ist und an einem hineingestochenen Stäbchen nichts mehr haften bleibt. 10 Minuten in der Form stehen lassen, dann stürzen und das Backpapier abziehen. Auf einem Kuchengitter vollständig auskühlen lassen.

3. Für die Glasur Frischkäse und Vanillearoma in eine Schüssel geben und glatt rühren. Den Puderzucker esslöffelweise unterrühren. Erneut glatt rühren. Die Mischung spiralförmig auf der Kuchenoberfläche verstreichen und mit den gehackten Walnüssen bestreuen. Vor dem Servieren an einen kühlen Ort stellen, bis die Glasur etwas fester geworden ist.

Kaffee-Karamell-Torte

Für 8 Personen **Vorbereitung: 20 Min., plus 20 Min. Kühlzeit** **Garzeit: 35 Min.**

Der weiche, köstlich-süße Karamellüberzug und das intensive Kaffeearoma ergänzen sich wunderbar.

ZUTATEN

175 g weiche Butter, plus etwas mehr zum Einfetten
175 g hellbrauner Zucker
3 Eier, verquirlt
225 g Mehl, gesiebt
2 ¼ TL Backpulver
100 ml starker, schwarzer Kaffee, abgekühlt
Mokkabohnen aus Schokolade, zum Dekorieren

GUSS

125 ml Milch
125 g Butter
3 EL hellbrauner Zucker
575 g Puderzucker

NÄHRWERTANGABEN	
Kilokalorien	518
Eiweiß	6 g
Kohlenhydrate	51 g
Zucker	30 g
Fett	34 g
davon gesättigt	21 g

1

2

3

Tipp

Vorsicht bei der Zugabe der warmen Milchmischung in den Karamell in Schritt 2: Der heiße Karamell kann spritzen und Verbrennungen verursachen!

1 Den Ofen auf 180 °C vorheizen. Die Böden von zwei runden Backformen (ca. 20 cm Durchmesser) einfetten und mit Backpapier auslegen. Butter und Zucker in einer Schüssel schaumig rühren. Die Eier portionsweise unterrühren, dann Mehl, Backpulver und Kaffee unterziehen. Den Teig auf die vorbereiteten Formen verteilen und 30 Minuten im vorgeheizten Ofen backen, bis er aufgegangen ist und bei Berührung in der Mitte zurückfedert. 5 Minuten in den Formen abkühlen lassen, dann stürzen und das Backpapier abziehen. Auf einem Kuchengitter vollständig auskühlen lassen.

2 Für den Guss Milch und Butter in einem Topf auf niedriger Stufe erhitzen, bis die Butter geschmolzen ist. Vom Herd nehmen und beiseite stellen. Den Zucker in einem anderen, schweren Topf auf niedriger Stufe unter ständigem Rühren erhitzen, bis er schmilzt und karamellisiert. Vom Herd nehmen und die warme Milchmischung unterrühren, dann zurück auf den Herd stellen und weiterrühren, bis sich der Karamell aufgelöst hat.

3 Vom Herd nehmen und den Puderzucker portionsweise unterrühren. Zu einer glatten, geschmeidigen Masse verarbeiten. Etwas davon auf einen der zwei Böden verteilen, den zweiten Boden darauf legen und dann mit dem Guss überziehen. Mit den Mokkabohnen dekorieren.

Mississippi Mud Cake

Garzeit: 1 Std. 30 Min.

Vorbereitung: 25 Min., plus 30 Min. Kühlzeit

Für 16 Personen

„Mud Cake" (Schlammkuchen) heißt dieser Kuchen aufgrund seiner feuchten, schweren Konsistenz. Man kann ihn mit Crème fraîche oder frischen Beeren servieren.

NÄHRWERTANGABEN	
Kilokalorien	344
Eiweiß	3 g
Kohlenhydrate	46 g
Zucker	34 g
Fett	17 g
davon gesättigt	11 g

ZUTATEN

250 g Butter, klein geschnitten, plus etwas mehr zum Einfetten
150 g Bitterschokolade
425 g hellbrauner Zucker
250 ml heißes Wasser
3 EL Tia Maria oder Weinbrand
250 g Mehl
1 TL Backpulver
25 g Kakaopulver
2 Eier, verquirlt

ZUM DEKORIEREN

frische Himbeeren
Schokoladenlocken

1

2

2

Tipp

Wenn der Teig während des Backens zu schnell dunkel wird, sollte man seine Oberfläche für den Rest der Backzeit mit einem Stück Alufolie abdecken.

1 Den Ofen auf 160 °C vorheizen. Eine runde Backform (20 cm Durchmesser) einfetten und mit Backpapier auslegen. Die Schokolade in Stückchen zerteilen und mit Butter, Zucker, heißem Wasser und Tia Maria in einem großen, schweren Topf auf niedriger Stufe unter Rühren erwärmen, bis sie geschmolzen ist.

2 Die Mischung glatt rühren, in eine große Schüssel geben und 15 Minuten abkühlen lassen. Mehl, Backpulver und Kakaopulver durchsieben und unterrühren, dann die Eier einarbeiten. Den Teig in die vorbereitete Form gießen.

3 Im vorgeheizten Ofen 1½ Stunden backen, bis der Kuchen aufgegangen ist und seine Oberfläche sich bei Berührung fest anfühlt. 30 Minuten in der Form abkühlen lassen, dann stürzen und das Backpapier abziehen. Auf einem Kuchengitter vollständig auskühlen lassen. Mit frischen Himbeeren und Schokoladenlocken dekorieren und servieren.

Angel Cake mit Passionsfrucht-Guss

Für 8 Personen | **Vorbereitung: 20 Min., plus 30 Min. Kühlzeit** | **Garzeit: 50–55 Min.**

Ein leichter, amerikanischer Kuchen, der mit seinem exotischen Guss garantiert großen Eindruck machen wird.

ZUTATEN

85 g Mehl
280 g Zucker
8 große Eiweiß
1 TL Weinstein
1 Prise Salz
5 Tropfen Vanillearoma
2 EL warmes Wasser

GUSS

4 Passionsfrüchte
200 g Puderzucker

NÄHRWERTANGABEN	
Kilokalorien	288
Eiweiß	4 g
Kohlenhydrate	72 g
Zucker	64 g
Fett	0 g
davon gesättigt	0 g

1 Den Backofen auf 180 °C vorheizen. Mehl und 2 Esslöffel Zucker auf ein Stück Backpapier sieben. Das Eiweiß in einer großen, sauberen Schüssel schaumig schlagen, dann Weinstein und Salz unterrühren. Vanillearoma und warmes Wasser hineinträufeln und weiterschlagen, bis das Eiweiß steif, aber noch nicht trocken ist. Den restlichen Zucker portionsweise durchsieben, zugeben und jeweils gut unterrühren, bis sich weiche Spitzen bilden.

2 Die Mehl-Zucker-Mischung in mehreren Portionen vorsichtig unterziehen. Die fertige Masse in eine Angel-Cake-Ringform mit Antihaftbeschichtung füllen; die Form sollte zu zwei Dritteln gefüllt sein. 50–55 Minuten im vorgeheizten Ofen backen, bis die Oberfläche gebräunt ist und sich trocken anfühlt. Die Form umdrehen und so stehen lassen, bis der Kuchen vollständig ausgekühlt ist. Den Kuchen dann mit Hilfe eines Palettmessers aus der Form lösen und auf einen Servierteller stellen.

3 Für den Guss die Passionsfrüchte halbieren. Das Fruchtfleisch mit einem Löffel herauslösen und in ein Sieb geben. Den Saft mit einem Holzlöffel durch das Sieb in eine Schüssel drücken. So viel Puderzucker in den Saft einrühren, dass man einen Guss von cremiger Konsistenz erhält. Den Guss auf den Kuchen träufeln und fest werden lassen.

Tipp

Falls Sie keine Angel-Cake-Form besitzen, können Sie stattdessen auch eine andere Form, z. B. eine nicht eingefettete Ringform, verwenden.

Victoria-Torte

Garzeit: 25–30 Min.

Vorbereitung: 10 Min., plus 20 Min. Kühlzeit

Für 8 Personen

Diese Torte ist denkbar einfach zuzubereiten. Sie müssen nicht einmal vorab Butter und Zucker schaumig rühren, sondern können alle Zutaten auf einmal verarbeiten.

NÄHRWERTANGABEN	
Kilokalorien	720
Eiweiß	6 g
Kohlenhydrate	51 g
Zucker	35 g
Fett	56 g
davon gesättigt	35 g

ZUTATEN

175 g weiche Butter, plus etwas mehr zum Einfetten
175 g Mehl
2¾ TL Backpulver
175 g hellbrauner Zucker
3 Eier
Zucker, zum Bestreuen

FÜLLUNG

3 EL Himbeerkonfitüre
600 g Crème double, geschlagen
16 frische Erdbeeren, halbiert

1

2

3

1 Den Ofen auf 180 °C vorheizen. Die Böden von 2 runden Backformen (ca. 20 cm Durchmesser) einfetten und mit Backpapier auslegen. Mehl und Backpulver in eine Schüssel sieben. Butter, Zucker und Eier zugeben. Alles gut vermengen und glatt rühren.

2 Den Teig zu gleichen Teilen auf die vorbereiteten Formen verteilen und die Oberfläche glatt streichen. 25–30 Minuten backen, bis die Böden aufgegangen und goldbraun sind und ihre Oberflächen bei Berührung zurückfedern.

3 5 Minuten in den Formen abkühlen lassen, dann stürzen und das Backpapier abziehen. Auf ein Kuchengitter legen und vollständig auskühlen lassen. Die beiden Böden mit der Konfitüre bestreichen, dann Crème double und Erdbeerhälften auf einem Boden verteilen und den zweiten mit der bestrichenen Seite nach unten darauf legen. Mit Zucker bestreuen und servieren.

Variation

Man kann für die Füllung auch Zitronencreme oder eine andere Konfitüre und frische Früchte der Saison verwenden.

Tropischer Früchtekuchen

Für 16 Personen **Vorbereitung: 25 Min., plus 9 Std. Einweich-/Kühlzeit** **Garzeit: 2 Std. 30 Min.**

Wenn er auch etwas weihnachtlich anmutet, schmeckt dieser Früchtekuchen doch das ganze Jahr über – und ist dabei nicht einmal sehr gehaltvoll.

ZUTATEN

650 g gemischtes Backobst (z. B. Ananas, Bananen, Datteln, Feigen)
115 g ungeschwefelte getrocknete Aprikosen
115 g Sultaninen
90 ml Rum
200 g weiche Butter, plus etwas mehr zum Einfetten
200 g hellbrauner Zucker
3 Eier, verquirlt
200 g Mehl
1 TL Backpulver
1 TL gemahlener Ingwer
40 g Kokosraspel
85 g Paranüsse, grob gehackt
85 g Cashewkerne, grob gehackt
25 g Ingwerwurzel, fein gehackt

NÄHRWERTANGABEN

Kilokalorien	413
Eiweiß	6 g
Kohlenhydrate	55 g
Zucker	43 g
Fett	19 g
davon gesättigt	9 g

Variation

Man kann die Paranüsse und Cashewkerne wahlweise auch durch andere Nusssorten, z. B. Pekannüsse und Walnüsse, ersetzen.

Tipp

Bei der Zusammenstellung der Backobst-Mischung sind der Fantasie keine Grenzen gesetzt; Sie können z. B. auch eine Mischung aus getrockneten Mangos, Ananas und Papayas verwenden.

1 400 g der Backobstmischung mit den Aprikosen in der Küchenmaschine klein hacken. In eine Schüssel geben. Sultaninen und Rum zugeben. Abdecken und 8 Stunden bzw. über Nacht einweichen.

2 Den Ofen auf 150 °C vorheizen. Den Boden einer tiefen, runden Backform (20 cm Durchmesser) einfetten und mit Backpapier auslegen. Butter und Zucker in einer Schüssel schaumig rühren, dann portionsweise die Eier unterrühren; dabei gegen Ende etwas Mehl zugeben, damit die Mischung nicht gerinnt. Restliches Mehl, Backpulver und Ingwer durchsieben und unterziehen. Kokosraspel, zwei Drittel der Nüsse, Ingwerwurzel und eingeweichte Früchte unterrühren. In die vorbereitete Form füllen und die Oberfläche glatt streichen.

3 Das restliche Backobst in der Küchenmaschine grob hacken und zusammen mit den restlichen Nüssen auf dem Teig verteilen. Den Kuchen in den Ofen stellen und die Temperatur auf 140 °C reduzieren. 2½ Stunden backen, bis sich seine Oberfläche bei Berührung fest anfühlt und an einem hineingestochenen Stäbchen nichts mehr haften bleibt. 30 Minuten in der Form abkühlen lassen, dann stürzen und das Backpapier abziehen. Auf einem Kuchengitter vollständig auskühlen lassen.

Süße Nachspeisen

Süße Nachspeisen sind etwas für besondere Gelegenheiten, die eine Ausnahme im Alltag bilden. Wenn Sie am Ende einer Mahlzeit ein selbst gemachtes Dessert servieren, wird Ihre Familie es sicherlich zu schätzen wissen.

In diesem Kapitel stellen wir Ihnen Nachspeisen für ganz unterschiedliche Gelegenheiten vor – etwas schlichtere, wenn die Familie unter sich bleibt, sowie üppigere für festliche Anlässe. Die Rezepte reichen von einer köstlichen Mango-Passionsfrucht-Pawlowa *(siehe Seite 162) und dem üppigen* Käsekuchen „Manhattan" *(siehe Seite 160) bis zu einfacheren Nachspeisen wie dem* Apfel-Brombeer-Dessert mit Streuseln *(siehe Seite 172) und einem leckeren* Zitronenpudding *(siehe Seite 169), der beim Garen seine eigene Sauce bildet.*

Sie finden in diesem Kapitel auch Rezepte für Desserts, die in Wasserdampf gebacken werden und leicht und saftig sind: z. B. Ingwer-Zitronen-Küchlein *(siehe Seite 170) und die* Kaffee-Walnuss-Küchlein *(siehe Seite 166). Auch ungewöhnliche Rezepte sind hier vertreten wie das* Tropenfrucht-Dessert *(siehe Seite 167) und der* Panettone-Brotpudding *(siehe Seite 168). Der* Marokkanische Orangen-Mandel-Kuchen *(siehe Seite 156) und der* Apfel-Streuselkuchen *(siehe Seite 158) schließlich sind wahre Delikatessen und schmecken sowohl als Dessert als auch zum Nachmittagskaffee. Wer wollte sich da noch auf Diät setzen lassen!*

Marokkanischer Orangen-Mandel-Kuchen

Für 8 Personen | **Vorbereitung: 20 Min., plus 40 Min. Kühl-/Ruhezeit** | **Garzeit: 45–50 Min.**

Dieser saftige Mandelkuchen wird mit duftendem Orangen-Kardamom-Sirup aromatisiert, was ihm die besondere Note verleiht.

ZUTATEN

115 g weiche Butter, plus etwas mehr zum Einfetten
1 Orange, die Schale abgerieben und aufbewahrt
115 g hellbrauner Zucker
2 Eier, verquirlt
175 g Grieß
100 g gemahlene Mandeln
1½ TL Backpulver
Puderzucker, zum Bestäuben
Naturjoghurt, zum Servieren

SIRUP

300 ml Orangensaft
130 g Zucker
8 Kardamomkapseln, zerdrückt

NÄHRWERTANGABEN	
Kilokalorien	420
Eiweiß	7 g
Kohlenhydrate	55 g
Zucker	37 g
Fett	21 g
davon gesättigt	9 g

Variation

Man kann diesen Kuchen vor dem Bestäuben mit Puderzucker auch noch mit Mandelblättchen bestreuen.

Tipp

Versuchen Sie nicht, bei der Zubereitung dieses Kuchens Zeit zu sparen – lassen Sie den Orangensirup auf jeden Fall lange in den Biskuit einziehen.

1 Den Ofen auf 180 °C vorheizen. Den Boden einer runden Backform (20 cm Durchmesser) einfetten und mit Backpapier auslegen. Einen Teil der abgeriebenen Orangenschale zum Dekorieren beiseite stellen. Eine Orangenhälfte auspressen. Butter, Orangenschale und Zucker in einer Schüssel schaumig rühren. Die Eier portionsweise unterrühren. In einer anderen Schüssel Grieß, Mandeln und Backpulver vermengen. Trockene Zutaten und Orangensaft unter die Buttermischung ziehen. Den Teig in die vorbereitete Form geben und 30–40 Minuten backen, bis der Kuchen aufgegangen ist und an einem hineingestochenen Stäbchen nichts mehr haften bleibt. 10 Minuten in der Form abkühlen lassen.

2 Für den Sirup Orangensaft, Zucker und Kardamomkapseln in einem Topf auf niedriger Stufe unter Rühren erhitzen, bis sich der Zucker aufgelöst hat. Aufkochen und 4 Minuten köcheln lassen, bis die Mischung eine sirupartige Konsistenz hat.

3 Den noch warmen Kuchen auf eine Servierplatte mit hohem Rand stürzen und an der Oberfläche mehrfach einstechen. Den Sirup in eine Schüssel seihen und drei Viertel davon auf den Kuchen geben. 30 Minuten stehen lassen. Den Kuchen mit Puderzucker bestäuben und in Stücke schneiden. Restlichen Sirup und Joghurt zu den Kuchenstücken geben, mit der Orangenschale dekorieren und servieren.

Apfel-Streuselkuchen

Für 8 Personen **Vorbereitung: 20 Min., plus 40 Min. Kühlzeit** **Garzeit: 1 Std.**

Ob Sie den Apfel-Streuselkuchen als Dessert nach einer leichten Mahlzeit oder als Kuchen für die Kaffeetafel servieren: Er ist einfach köstlich.

ZUTATEN

115 g Butter, plus etwas mehr zum Einfetten
450 g Kochäpfel
175 g Mehl
1¾ TL Backpulver
1 TL Zimt
1 Prise Salz
115 g hellbrauner Zucker
2 Eier
1–2 EL Milch
Puderzucker, zum Bestäuben

STREUSELBELAG

115 g Mehl
1¼ TL Backpulver
85 g Butter
85 g hellbrauner Zucker

NÄHRWERTANGABEN

Kilokalorien	440
Eiweiß	5 g
Kohlenhydrate	58 g
Zucker	31 g
Fett	23 g
davon gesättigt	14 g

Variation

Alternativ zu Äpfeln kann man wahlweise auch frischen Rhabarber, Stachelbeeren oder Birnen verwenden.

1

2

3

Tipp

Arbeiten Sie bei der Zubereitung des Teigs in Schritt 2 so schnell wie möglich, damit die Apfelscheiben nicht zu lange an der Luft liegen und sich braun verfärben.

1 Den Ofen auf 180 °C vorheizen. Eine Springform (24 cm Durchmesser) einfetten. Für den Streuselbelag Mehl und Backpulver in eine Schüssel sieben und mit der Butter zu einer krümeligen Mischung verreiben. Den Zucker unterkneten und beiseite stellen.

2 Die Äpfel schälen, entkernen und in dünne Scheiben schneiden. Für den Kuchenteig Mehl, Backpulver, Zimt und Salz in eine Schüssel sieben. Butter und Zucker in eine andere Schüssel geben und schaumig rühren. Die Eier portionsweise unterrühren, dabei zuletzt etwas von der Mehlmischung zugeben. Die Hälfte der Mehlmischung unterziehen, danach die zweite Hälfte zusammen mit der Milch einarbeiten.

3 Den Teig in die vorbereitete Form geben und die Oberfläche glatt streichen. Mit den Apfelscheiben bedecken, dann den Streuselbelag gleichmäßig darauf verteilen. 1 Stunde im vorgeheizten Ofen backen, bis die Oberfläche gebräunt ist und sich bei Berührung fest anfühlt. Vor dem Öffnen der Form abkühlen lassen. Den fertigen Kuchen vor dem Servieren mit Puderzucker bestäuben.

Käsekuchen „Manhattan"

Für 8–10 Personen **Vorbereitung: 20 Min., plus 10 Std. Kühlzeit** **Garzeit: 35 Min.**

Ein klassischer amerikanischer Käsekuchen, der durch die fruchtige Blaubeersauce seinen besonderen Pfiff bekommt.

ZUTATEN

Sonnenblumenöl, zum Einfetten
85 g Butter
200 g Vollkornkekse, zerkrümelt
400 g Frischkäse
2 große Eier
140 g Zucker
8 Tropfen Vanillearoma
450 g saure Sahne

BLAUBEERSAUCE
55 g Zucker
4 EL Wasser
250 g frische Blaubeeren
1 TL Pfeilwurzelmehl

NÄHRWERTANGABEN

Kilokalorien	658
Eiweiß	7 g
Kohlenhydrate	48 g
Zucker	33 g
Fett	50 g
davon gesättigt	30 g

Variation

Alternativ zu Blaubeeren kann man für die Sauce auch Himbeeren oder Johannisbeeren verwenden. Anstelle von Pfeilwurzelmehl eignet sich auch Speisestärke.

1

2

3

Tipp

Nach Möglichkeit sollte man den Käsekuchen am Ende von Schritt 2 über Nacht in den Kühlschrank stellen.

1 Den Ofen auf 190 °C vorheizen. Eine hohe Springform (20 cm Durchmesser) mit Öl einfetten. Die Butter in einem Topf auf niedriger Stufe zerlassen. Die Kekskrümel unterrühren und die Mischung in der Form verteilen. Frischkäse, Eier, 100 g Zucker und 3 Tropfen Vanillearoma in der Küchenmaschine zu einer glatten Masse verarbeiten, auf den Boden gießen und glatt streichen. Die Form auf ein Backblech stellen und 20 Minuten backen, bis der Teig fest ist. Aus dem Ofen nehmen und 20 Minuten stehen lassen; den Ofen nicht ausschalten.

2 Saure Sahne, restlichen Zucker und Vanillearoma in einer Schüssel mischen und auf dem Käsekuchen verstreichen. Weitere 10 Minuten backen, dann abkühlen lassen und für 8 Stunden oder über Nacht in den Kühlschrank stellen.

3 Für die Sauce den Zucker mit der Hälfte des Wassers in einem Topf auf niedriger Stufe unter Rühren erhitzen, bis er aufgelöst ist. Die Hitze erhöhen und die Blaubeeren zugeben. Abdecken und einige Minuten weich kochen. Vom Herd nehmen. Pfeilwurzelmehl und restliches Wasser in einer Schüssel verrühren und an die Früchte geben. Glatt rühren. Wieder auf niedriger Stufe erhitzen, bis die Sauce eindickt und klar wird. Abkühlen lassen. Den Käsekuchen 1 Stunde vor dem Servieren aus der Form nehmen. Die Sauce auf den Kuchen geben. Kühl servieren.

Mango-Passionsfrucht-Pawlowa

Für 8 Personen | **Vorbereitung: 30 Min., plus 1 Std. Kühlzeit** | **Garzeit: 1 Std. 15 Min. – 1 Std. 30 Min.**

Die Pawlowa soll 1935 von einem australischen Chefkoch erfunden und nach der russischen Ballerina Anna Pawlowa benannt worden sein.

ZUTATEN

3 Eiweiß

175 g Zucker

1 TL Speisestärke, gesiebt

1 TL Weißweinessig

3 Tropfen Vanillearoma

FÜLLUNG

300 g Crème double

2 Mangos

4 Passionsfrüchte

NÄHRWERTANGABEN	
Kilokalorien	285
Eiweiß	2 g
Kohlenhydrate	30 g
Zucker	30 g
Fett	18 g
davon gesättigt	11 g

Variation

Die für den Belag verwendeten Früchte können variieren. Im Sommer z. B. ergeben Himbeeren, Erdbeeren und rote Johannisbeeren einen köstlichen Belag.

1 Den Ofen auf 120 °C vorheizen. Ein Backblech mit Backpapier auslegen, darauf einen Kreis (23 cm Durchmesser) einzeichnen und das Backpapier dann umdrehen. Das Eiweiß in einer sauberen Schüssel steif schlagen. Den Zucker portionsweise zugeben und nach jeder Zugabe kräftig schlagen, bis die Mischung steif und glänzend ist. Speisestärke, Essig und Vanillearoma unterziehen.

2 Die Baiser-Masse innerhalb der Kreismarkierung mit einer Vertiefung in der Mitte auf das Backpapier geben. 1¼–1½ Stunden im vorgeheizten Ofen backen, bis die Masse leicht goldfarben und trocken, im Inneren aber noch etwas weich ist. Den Ofen ausschalten und die Baiser-Masse im Ofen kalt werden lassen. Das Backpapier abziehen. Es ist ganz normal, dass die Baiser-Masse jetzt etwas krümelt.

3 Für den Belag die Crème double in einer Schüssel leicht steif schlagen und auf die Pawlowa geben. Die Mangos halbieren, das Fruchtfleisch in Würfel schneiden und auf der Crème double verteilen. Die Passionsfrüchte halbieren, das Fruchtfleisch mit einem Löffel herauslösen und auf den Mangowürfeln verteilen. Sofort servieren.

Biskuitrolle mit Erdbeeren und Mandeln

Garzeit: 15 Min.

Vorbereitung: 20 Min., plus 30 Min. Kühlzeit

Für 8 Personen

Diese Variante des beliebten Klassikers besteht aus einem leichten, ohne Mehl zubereiteten Mandel-Biskuitteig und einer Erdbeer-Mascarpone-Füllung.

NÄHRWERTANGABEN	
Kilokalorien	460
Eiweiß	11 g
Kohlenhydrate	33 g
Zucker	32 g
Fett	33 g
davon gesättigt	13 g

ZUTATEN

Butter, zum Einfetten

6 Eier

200 g hellbrauner Zucker

2 TL Backpulver

175 g gemahlene geschälte Mandeln

Puderzucker, zum Bestäuben

FÜLLUNG

150 g Mascarpone

150 g Crème double

450 g frische Erdbeeren

Variation

Himbeeren, die geschmacklich sehr gut zu Mandeln passen, sind eine wunderbare Alternative zu den Erdbeeren.

1 Den Ofen auf 180 °C vorheizen. Eine flache Backform (ca. 38 cm × 25 cm) einfetten und mit Backpapier auslegen. Die Eier trennen; Eiweiß in eine große Schüssel und Eigelb in eine andere Schüssel geben. Zucker und Eigelb zu einer hellen, cremigen Masse schlagen. Backpulver und gemahlene Mandeln vermengen und dann behutsam unter die Eigelbmischung ziehen, dabei nicht zu stark rühren. Das Eiweiß steif schlagen und vorsichtig unterziehen.

2 Die Masse in der Form verteilen und 15 Minuten im vorgeheizten Ofen backen, bis sie fest ist. Mit einem sauberen Küchentuch abdecken und in der Form abkühlen lassen. Für die Füllung Mascarpone und Crème double in einer Schüssel zu einer streichfähigen Masse verrühren. Die Hälfte der Erdbeeren in eine andere Schüssel geben und zerdrücken, den Rest grob hacken und beiseite stellen. Die zerdrückten Erdbeeren unter die Mascarponemischung rühren.

3 Ein Blatt Backpapier auf die Arbeitsfläche legen und dick mit Puderzucker bestäuben. Die Teigplatte auf das Papier stürzen und das Backpapier abziehen. Die Mascarponemischung auf der Teigplatte verstreichen und mit den gehackten Erdbeeren bestreuen. Den Biskuit mit der Füllung aufrollen. In Scheiben schneiden und innerhalb von 1–2 Stunden nach dem Aufrollen servieren.

Baiser-Rolle mit Pfirsich-Melba

Für 8 Personen **Vorbereitung: 25 Min., plus 15 Min. Kühlzeit** **Garzeit: 45–50 Min.**

Diese Baiser-Rolle ist als Dessert etwas ganz Besonderes: außen knusprig, innen weich und saftig. Die Baiser-Masse kann bis zu 8 Stunden vor der Füllung zubereitet werden. Danach hält sich die Rolle im Kühlschrank bis zu 2 Tage.

ZUTATEN

Sonnenblumenöl, zum Einfetten

COULIS

350 g frische Himbeeren
115 g Puderzucker

BAISER-MASSE

2 TL Speisestärke
300 g Zucker
5 große Eiweiß
1 TL Cidre-Essig

FÜLLUNG

3 Pfirsiche, gehäutet, entsteint und gehackt (siehe Tipp)
250 g frische Himbeeren
200 g Crème fraîche
150 g Crème double

NÄHRWERTANGABEN	
Kilokalorien	428
Eiweiß	4 g
Kohlenhydrate	63 g
Zucker	62 g
Fett	19 g
davon gesättigt	12 g

Variation

Falls frische Pfirsiche nicht erhältlich sind, kann man auch Dosenware verwenden, und anstelle frischer Himbeeren eignet sich aufgetaute Tiefkühlware.

1

2

3

Tipp

Die Pfirsiche zum Enthäuten mit kochendem Wasser übergießen und 30 Sekunden darin stehen lassen. Abtropfen lassen und in kaltes Wasser tauchen. Haut abziehen, die Früchte halbieren und die Steine entfernen.

1 Den Ofen auf 150 °C vorheizen. Eine flache Backform (ca. 35 cm × 25 cm) mit Öl ausstreichen und mit Backpapier auslegen. Für den Coulis Himbeeren und Puderzucker pürieren, durch ein Sieb streichen und beiseite stellen. Für die Baiser-Masse die Speisestärke in eine Schüssel sieben und mit dem Zucker verrühren. Das Eiweiß in einer anderen sauberen Schüssel steif schlagen. Den Essig und die Stärke-Zucker-Mischung portionsweise unterrühren, bis die Masse steif und glänzend ist.

2 Die Baiser-Masse gleichmäßig in der ausgelegten Form verteilen, dabei 1 cm Rand frei lassen. 20 Minuten auf mittlerer Schiene backen, danach die Hitze auf 110 °C reduzieren und weitere 25–30 Minuten backen, bis die Masse durchgebacken ist. Aus dem Ofen nehmen. 15 Minuten abkühlen lassen, dann auf ein Stück Backpapier stürzen.

3 Für die Füllung Pfirsiche und Himbeeren in eine Schüssel geben. 2 Esslöffel Coulis unterrühren. Crème fraîche und Crème double in einer anderen Schüssel leicht steif schlagen und auf dem Baiser verstreichen. Früchte darauf verteilen, dabei an einer Schmalseite einen 3-cm-Rand frei lassen. Das Baiser von der anderen, mit Füllung bestrichenen Schmalseite aus mithilfe des Backpapiers so aufrollen, dass die „Naht" nach unten weist. Auf eine Platte legen und mit dem Coulis servieren.

Kaffee-Walnuss-Küchlein

Für 6 Personen **Vorbereitung: 20 Min.** **Garzeit: 30–40 Min.**

Diese köstlichen kleinen Küchlein mit Walnusssauce zergehen geradezu auf der Zunge.

ZUTATEN

55 g weiche Butter, plus etwas mehr zum Einfetten
1 EL Instantkaffeepulver
150 g Mehl
1½ TL Backpulver
1 TL Zimt
55 g Rohzucker, gesiebt
2 große Eier, verquirlt
55 g Walnüsse, fein gehackt

WALNUSSSAUCE

25 g Walnüsse, grob gehackt
55 g Butter
55 g Rohzucker
150 g Crème double

NÄHRWERTANGABEN	
Kilokalorien	520
Eiweiß	7 g
Kohlenhydrate	39 g
Zucker	21 g
Fett	38 g
davon gesättigt	19 g

1

2

4

Tipp

Diese Nachspeise kann statt in Einzelportionen auch in einer großen Puddingform zubereitet werden; in diesem Fall abgedeckt 1½ Stunden dämpfen.

1 Den Ofen auf 190 °C vorheizen. 6 Puddingförmchen aus Metall einfetten. Das Kaffeepulver in 2 Esslöffel kochendem Wasser auflösen und beiseite stellen. Mehl, Backpulver und Zimt in eine Schüssel sieben. Butter und Zucker in einer anderen Schüssel schaumig rühren. Die Eier portionsweise unterrühren; falls die Mischung zu gerinnen droht, vorweg etwas Mehl zugeben. Dann abwechselnd Kaffee und Mehl-Zimt-Mischung portionsweise unterziehen. Die Walnüsse unterrühren.

2 Den Teig auf die Förmchen verteilen. Jedes Förmchen mit einem Stück eingebutterter Alufolie gut abdecken. Die Förmchen in ein tiefes Backblech stellen. So viel kochendes Wasser zugießen, dass die Förmchen zur Hälfte darin stehen. Das Backblech sorgfältig mit Alufolie abdecken.

3 30–40 Minuten im vorgeheizten Ofen backen, bis der Teig aufgegangen ist und sich bei Berührung der Oberfläche fest anfühlt.

4 Inzwischen die Sauce zubereiten. Alle Zutaten in einem Topf auf niedriger Stufe unter Rühren erhitzen, bis sie geschmolzen und gut gemischt sind. Kurz köcheln lassen, dann vom Herd nehmen. Die Küchlein auf einen Servierteller stürzen, die heiße Sauce darüber gießen und servieren.

Tropenfrucht-Dessert

Garzeit: 50–60 Min. **Vorbereitung: 25 Min., plus 10 Min. Ruhezeit** **Für 8 Personen**

Dieses süße Fruchtdessert schmeckt am besten heiß, vor allem wenn Sie es zu Eiscreme reichen. Kalt serviert, ist es ein Kuchen.

NÄHRWERTANGABEN	
Kilokalorien	472
Eiweiß	5 g
Kohlenhydrate	58 g
Zucker	41 g
Fett	26 g
davon gesättigt	16 g

ZUTATEN

175 g weiche Butter, plus etwas mehr zum Einfetten
175 g Rohzucker
3 Eier
175 g Mehl
1¾ TL Backpulver
1 TL Lebkuchen-Gewürzmischung

BELAG

55 g weiche Butter
55 g Rohzucker
2 Bananen
1 kleine Ananas
1 Mango

2

2

3

Tipp

Wenn Sie für die Zubereitung dieses Desserts nur wenig Zeit zur Verfügung haben, können Sie den Teig auch in der Küchenmaschine anrühren.

1 Den Ofen auf 180 °C vorheizen. Eine hohe Springform (20 cm Durchmesser) einfetten.

2 Für den Belag die Butter gleichmäßig auf dem Boden der Form verteilen und mit dem Zucker bestreuen. Die Bananen schälen und in dicke Scheiben schneiden. Ananas und Mango schälen und das Fruchtfleisch in dicke Stücke schneiden. Die Fruchtstücke mischen und gleichmäßig in der Form verteilen.

3 Für den Kuchenteig Butter, Zucker und Eier in eine Schüssel geben. Mehl, Backpulver und Lebkuchen-Gewürzmischung durchsieben und zugeben. Alle Zutaten schaumig rühren und die Mischung auf den Früchten verteilen. 50–60 Minuten im vorgeheizten Ofen backen, bis der Teig aufgegangen ist und sich bei Berührung der Oberfläche fest anfühlt. 10 Minuten in der Form stehen lassen, dann den Rand des Kuchens mit einem Palettmesser von der Formwand lösen. Auf eine Servierplatte stürzen.

Panettone-Brotpudding

Für 6 Personen **Vorbereitung: 15 Min., plus 1 Std. Ruhezeit** **Garzeit: 40 Min.**

Diese Brotpudding-Variante wird mit Panettone, dem berühmten italienischen Hefekuchen, zubereitet.

ZUTATEN

40 g weiche Butter, plus etwas mehr zum Einfetten
250 g Panettone, in Scheiben
225 ml Milch
225 g Crème double
1 Vanilleschote, längs aufgeschnitten
3 Eier
115 g hellbrauner Zucker
2 EL Aprikosenkonfitüre, erwärmt und durchgesiebt

NÄHRWERTANGABEN	
Kilokalorien	496
Eiweiß	9 g
Kohlenhydrate	49 g
Zucker	34 g
Fett	31 g
davon gesättigt	17 g

Tipp

Die Vanilleschote kann nach Gebrauch abgespült, mit Küchenpapier trockengetupft und später in einem anderen Rezept noch einmal verwendet werden.

1 Eine flache Auflaufform von ca. 850 ml Fassungsvermögen einfetten. Die Panettone-Scheiben mit Butter bestreichen und in der Form verteilen. Milch, Crème double und Vanilleschote in einem Topf auf niedriger Stufe zum Sieden bringen. Eier und Zucker in einer Schüssel verrühren, dann die Milchmischung zugießen und alles verrühren.

2 Die Sauce durch ein Sieb über die eingebutterten Panettone-Scheiben gießen. 1 Stunde stehen lassen, damit die Sauce von den Scheiben aufgesogen wird. Den Ofen auf 160 °C vorheizen.

3 Den Brotpudding 40 Minuten im vorgeheizten Ofen backen. Die Aprikosenkonfitüre auf der Oberfläche verstreichen. Falls die vorstehenden Krusten des Panettone noch nicht knusprig und goldgelb sind, 1 Minute vor dem Servieren unter den vorgeheizten Grill stellen.

Zitronenpudding

Garzeit: 50 Min. – 1 Std. **Vorbereitung: 15 Min.** **Für 6 Personen**

Während des Backens bildet sich am Boden der Form eine köstliche Sauce für diesen heißen Pudding.

NÄHRWERTANGABEN	
Kilokalorien	360
Eiweiß	8 g
Kohlenhydrate	39 g
Zucker	34 g
Fett	20 g
davon gesättigt	12 g

ZUTATEN

100 g weiche Butter, plus etwas mehr zum Einfetten
175 g hellbrauner Zucker
abgeriebene Schale und Saft von 2 Zitronen
4 Eier
40 g Mehl
400 ml Milch
Puderzucker, zum Bestäuben

Tipp

Der Saftgehalt von Zitronen ist sehr unterschiedlich, weshalb man für dieses Rezept gegebenenfalls 3 Zitronen verwenden sollte. Um die Schale verwenden zu können, sollten die Früchte unbehandelt sein.

1 Den Ofen auf 180 °C vorheizen. Eine Auflaufform mit ca. 1 Liter Fassungsvermögen einfetten. Butter, Zucker und Zitronenschale in eine Schüssel geben und schaumig rühren. Die Eier trennen. Eiweiß in eine saubere Schüssel geben. Eigelb, Mehl und Zitronensaft unter die Butter-Zucker-Mischung rühren.

2 Die Milch portionsweise unterrühren. Das Eiweiß steif schlagen und behutsam unterziehen. Die Masse in die vorbereitete Form gießen; sie sollte diese nur bis zur Hälfte füllen.

3 Die Auflaufform in ein tiefes Backblech stellen. So viel heißes Wasser zugießen, dass die Auflaufform 2,5 cm tief darin steht. 50–60 Minuten im vorgeheizten Ofen backen, bis die Masse aufgegangen und goldbraun ist. 5 Minuten abkühlen lassen, dann mit Puderzucker bestäuben und servieren.

Ingwer-Zitronen-Küchlein

Für 8 Personen **Vorbereitung: 20 Min.** **Garzeit: 30–40 Min.**

Diese kleinen, leichten Küchlein können gut zum Abschluss einer üppigen Mahlzeit serviert werden.

ZUTATEN

115 g weiche Butter, plus etwas mehr zum Einfetten
2 Zitronen
85 g in Sirup eingelegter Ingwer, abgetropft und gehackt, plus 1 EL des Sirups
2 EL Zuckersirup
175 g Mehl
1¾ TL Backpulver
2 TL gemahlener Ingwer
115 g hellbrauner Zucker
2 Eier, verquirlt
3–4 EL Milch
Vanillesauce, zum Servieren

NÄHRWERTANGABEN

Kilokalorien	232
Eiweiß	4 g
Kohlenhydrate	24 g
Zucker	8 g
Fett	14 g
davon gesättigt	8 g

Variation

Man kann zu diesen Küchlein nach Belieben statt Vanillesauce auch Vanilleeis servieren.

1

2

3

Tipp

Achten Sie beim Abreiben der Zitronenschale darauf, nicht die weiße Haut unterhalb der Schale mit abzureiben, denn sie schmeckt bitter.

1 Den Ofen auf 160 °C vorheizen. 8 Puddingförmchen aus Metall einfetten. Die Schale der Zitronen abreiben und in einer Schüssel beiseite stellen. Von einer Zitrone die weiße Haut vollständig entfernen und das Fleisch in 8 dünne Scheiben schneiden. Eine Hälfte der zweiten Zitrone auspressen und den Saft beiseite stellen. Ingwersirup, Zuckersirup und 1 Teelöffel Zitronensaft in einer Schüssel verrühren.

2 Die Mischung auf die Förmchen verteilen. In jedes Förmchen eine Zitronenscheibe legen. Mehl, Backpulver und gemahlenen Ingwer in eine Schüssel sieben. Butter und Zucker in einer anderen Schüssel schaumig rühren. Die Eier portionsweise unterrühren, dann die Mehlmischung unterziehen und so viel Milch zugeben, dass die Mischung weich vom Löffel tropft. Beiseite gestellte Zitronenschale und gehackten Ingwer unterrühren.

3 Den Teig auf die vorbereiteten Förmchen verteilen. Über jedes Förmchen ein Stück eingebutterte Alufolie legen und diese über die Förmchen stülpen. Die Förmchen in eine Bratform stellen. So viel kochendes Wasser zugießen, dass sie zur Hälfte darin stehen. Die Bratform sorgfältig mit Alufolie abdecken. 30–40 Minuten backen, bis der Teig aufgegangen ist und sich bei Berührung der Oberfläche fest anfühlt. Die Küchlein auf Teller stürzen und mit Vanillesauce servieren.

Apfel-Brombeer-Dessert mit Streuseln

Für 4 Personen **Vorbereitung: 15 Min.** **Garzeit: 40–45 Min.**

Dieses mit Streuseln überbackene Dessert ist ganz einfach zuzubereiten – und dabei gesund und lecker.

ZUTATEN

900 g Kochäpfel
300 g frische Brombeeren, oder Tiefkühlware aufgetaut
55 g Rohzucker
1 TL Zimt
Vanillesauce oder flüssige Sahne, zum Servieren

STREUSEL
85 g Mehl
¾ TL Backpulver
85 g Vollkornmehl
115 g Butter
55 g Demerara-Zucker

NÄHRWERTANGABEN	
Kilokalorien	530
Eiweiß	6 g
Kohlenhydrate	76 g
Zucker	47 g
Fett	25 g
davon gesättigt	16 g

Variation

Sie können dieses Dessert vor dem Servieren noch mit einer Hand voll Mandelblättchen oder gehackten Mandeln bestreuen.

Tipp

Reiben Sie die Butter bei Zubereitung der Streusel so lange ein, bis die Streusel richtig grobkörnig sind; auf diese Weise werden sie beim Backen schön knusprig.

1 Den Ofen auf 200 °C vorheizen. Die Äpfel schälen, entkernen und in dicke Stücke schneiden. Zusammen mit Brombeeren, Zucker und Zimt in eine Schüssel geben. Alles vermengen und in eine Auflaufform füllen.

2 Für die Streusel Mehl und Backpulver in eine Schüssel sieben und das Vollkornmehl unterrühren. Die Butter zugeben und mit den Fingern in die trockenen Zutaten reiben, bis sich eine grobe, krümelige Mischung ergibt. Den Zucker unterkneten.

3 Die Streusel auf der Apfelmischung verteilen. 40–45 Minuten im vorgeheizten Ofen backen, bis die Äpfel weich und die Streusel goldbraun und knusprig sind. Mit Vanillesauce oder flüssiger Sahne servieren.

Register

Register

Register